MÖKIN TIEDOT

- _____
- _____
- _____
- _____
- _____
- _____
- _____
- _____
- _____
- _____
- _____
- _____
- _____
- _____
- _____

© 2024 Seija Irmeli Kaisto
Taitto: Seija Irmeli Kaisto
Kustantaja: BoD - Books on Demand, Helsinki, Suomi
Valmistaja: BoD – Books on Demand, Norderstedt, Saksa
ISBN: 978–952–80–7157–0

SISÄLLYS

Mökkikirja on täydellinen kumppani rentoihin mökkireissuihin! Tähän kätevään kirjaan voit kirjata ylös vuoden säätiedot helposti ja lisäksi löydät runsaasti viihdykettä sadepäivien varalle. Kirjasta löytyy pelejä, väritystehtäviä ja aivopähkinöitä, jotka pitävät koko perheen viihdytettyinä.

Kirjasta löytyy myös iltasatu pienimmille perheenjäsenille sekä novelli variksenpojasta, jonka koko perhe voi lukea yhdessä.

Mökkikirja on mainio tapa viettää aikaa yhdessä perheen kanssa ja luoda ikimuistoisia hetkiä mökkilomalla. Valmistaudu nauttimaan rennosta tunnelmasta ja hyödynnä Mökkikirjan monipuolista sisältöä.

MÖKIN MUISTIINPANOT

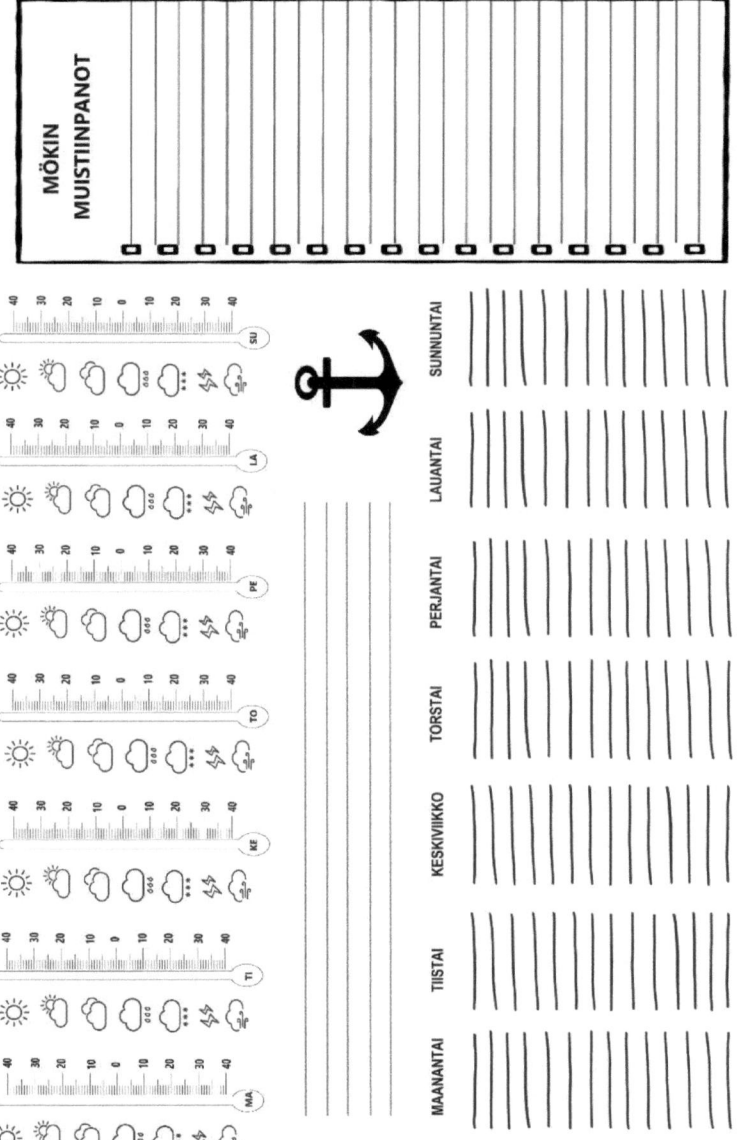

SUNNUNTAI

LAUANTAI

PERJANTAI

TORSTAI

KESKIVIIKKO

TIISTAI

MAANANTAI

MÖKIN MUISTIINPANOT

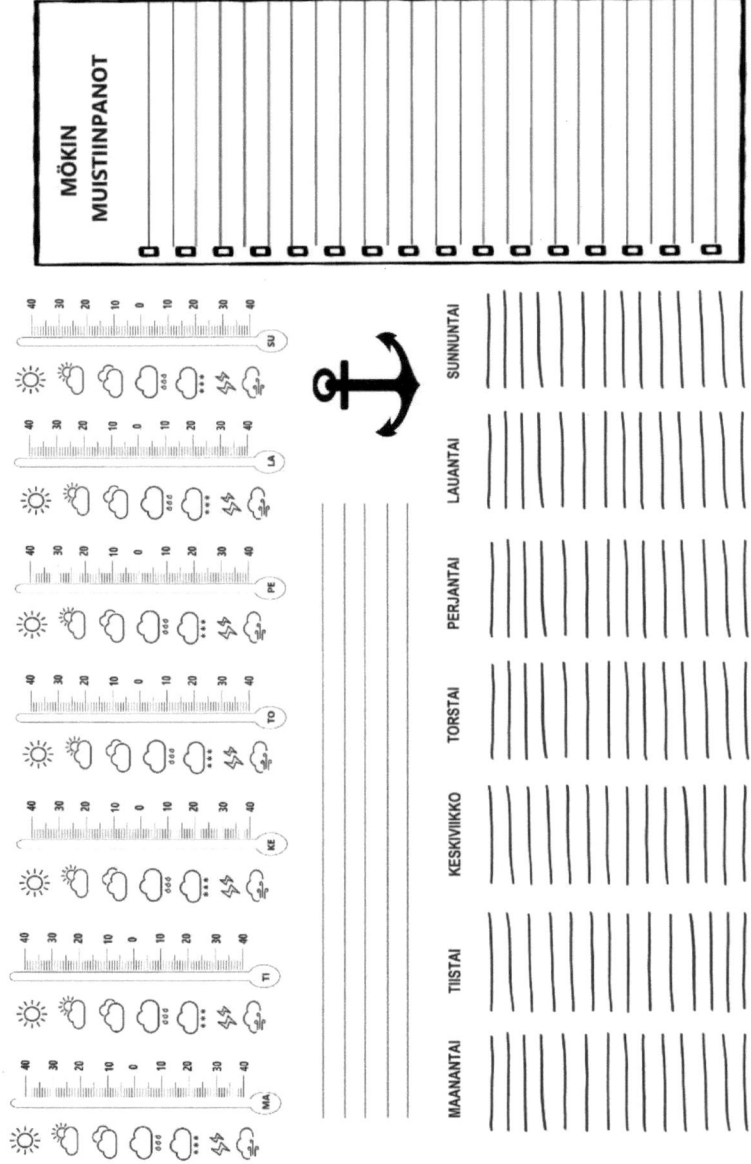

SUNNUNTAI

LAUANTAI

PERJANTAI

TORSTAI

KESKIVIIKKO

TIISTAI

MAANANTAI

MÖKIN
MUISTIINPANOT

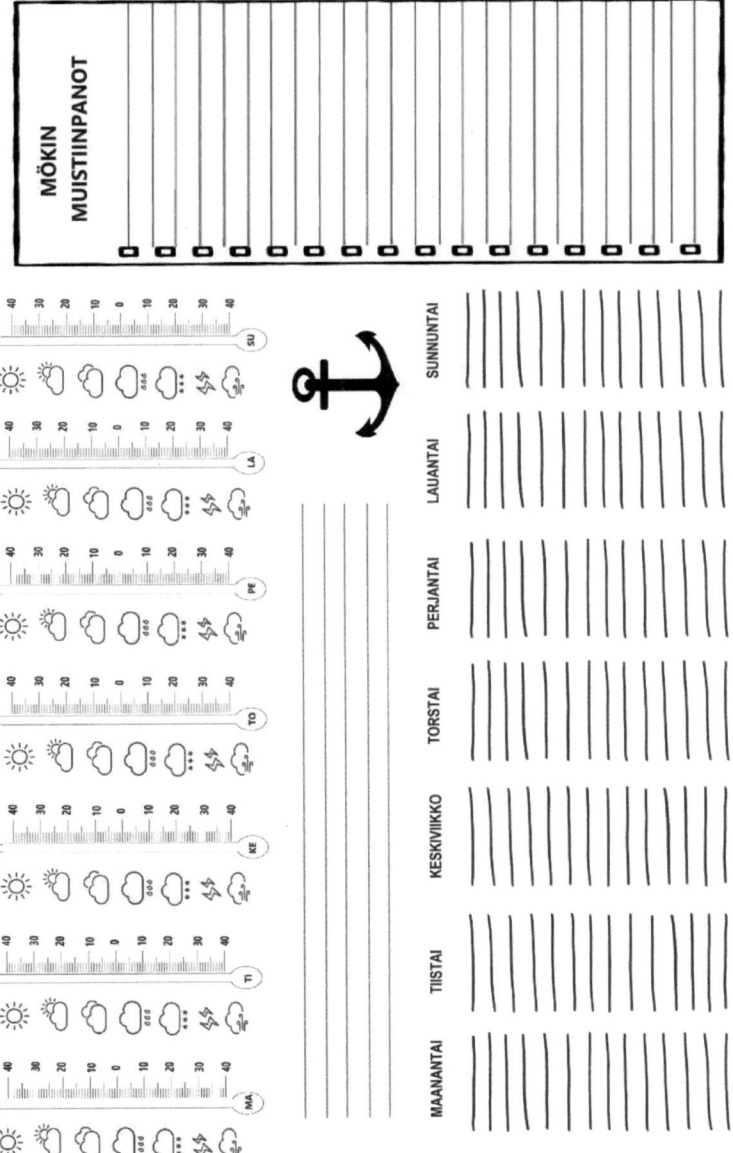

SUNNUNTAI

LAUANTAI

PERJANTAI

TORSTAI

KESKIVIIKKO

TIISTAI

MAANANTAI

MÖKIN MUISTIINPANOT

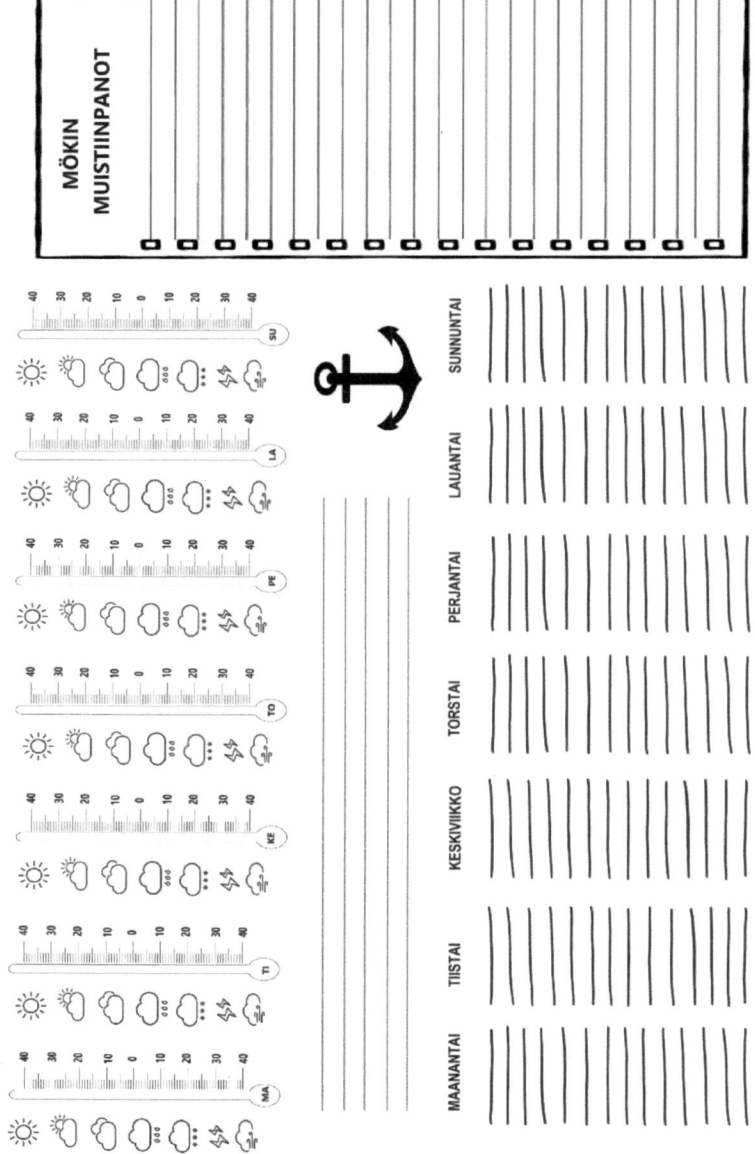

SUNNUNTAI

LAUANTAI

PERJANTAI

TORSTAI

KESKIVIIKKO

TIISTAI

MAANANTAI

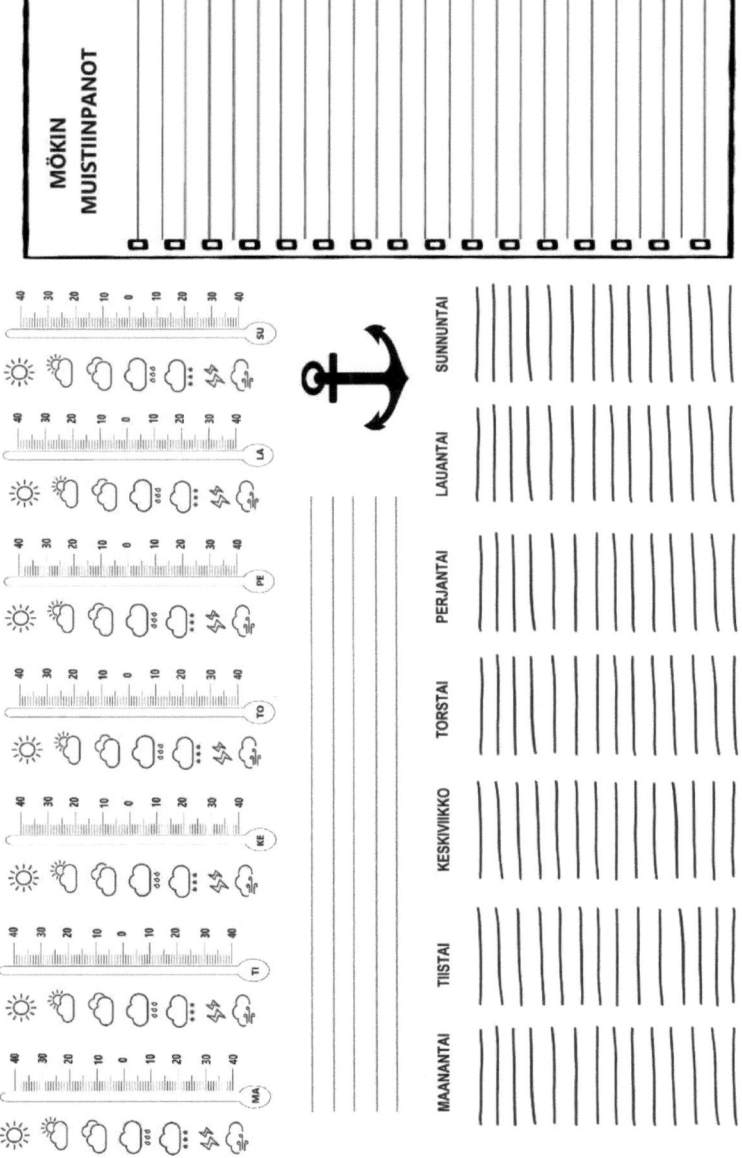

MÖKIN MUISTIINPANOT

SUNNUNTAI

LAUANTAI

PERJANTAI

TORSTAI

KESKIVIIKKO

TIISTAI

MAANANTAI

SU

LA

PE

TO

KE

TI

MA

MÖKIN MUISTIINPANOT

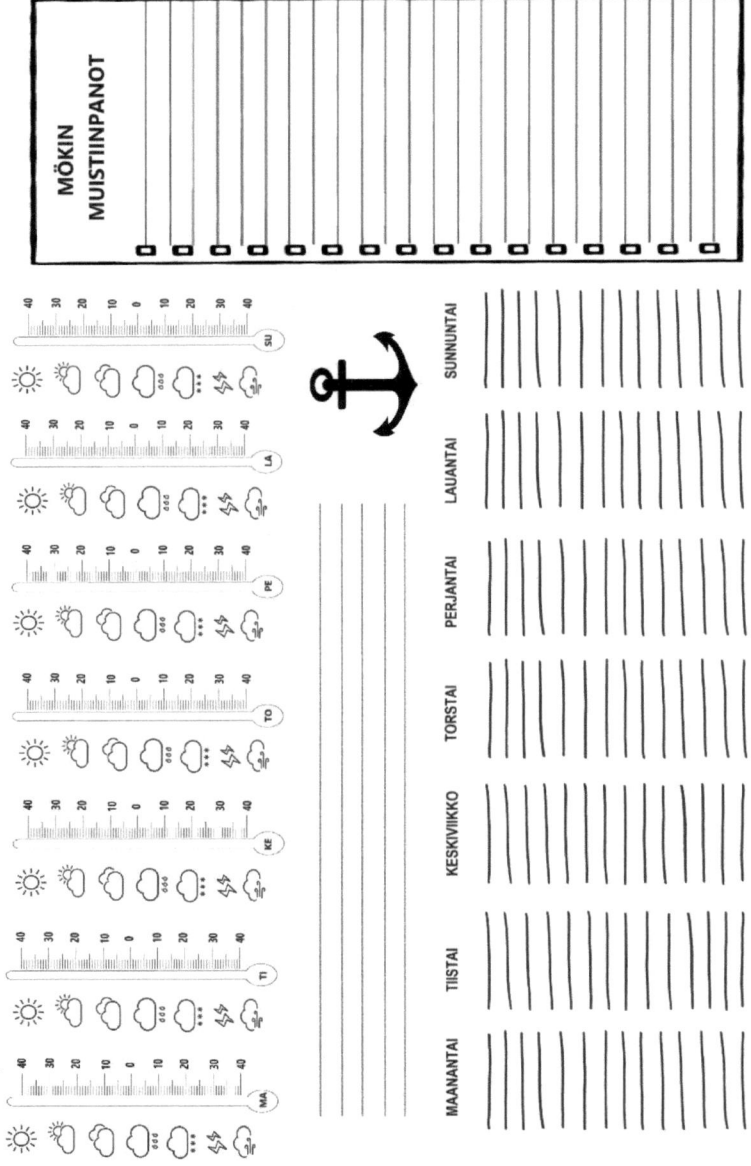

SUNNUNTAI

LAUANTAI

PERJANTAI

TORSTAI

KESKIVIIKKO

TIISTAI

MAANANTAI

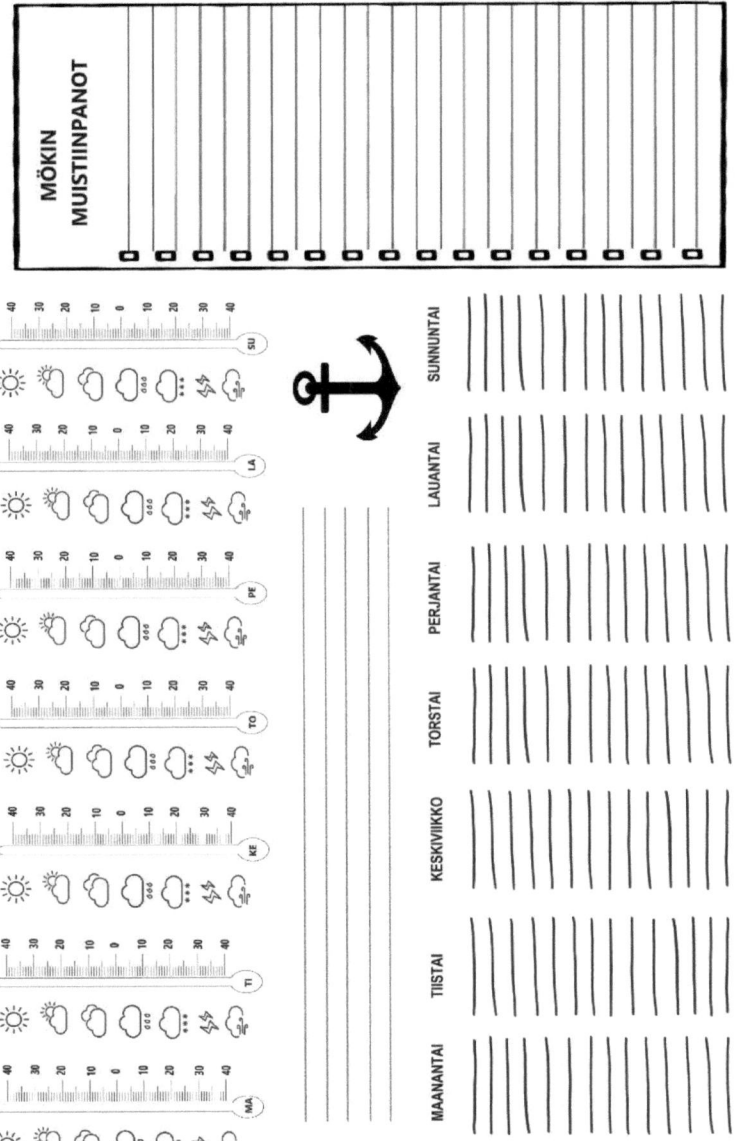

MÖKIN MUISTIINPANOT

SUNNUNTAI

LAUANTAI

PERJANTAI

TORSTAI

KESKIVIIKKO

TIISTAI

MAANANTAI

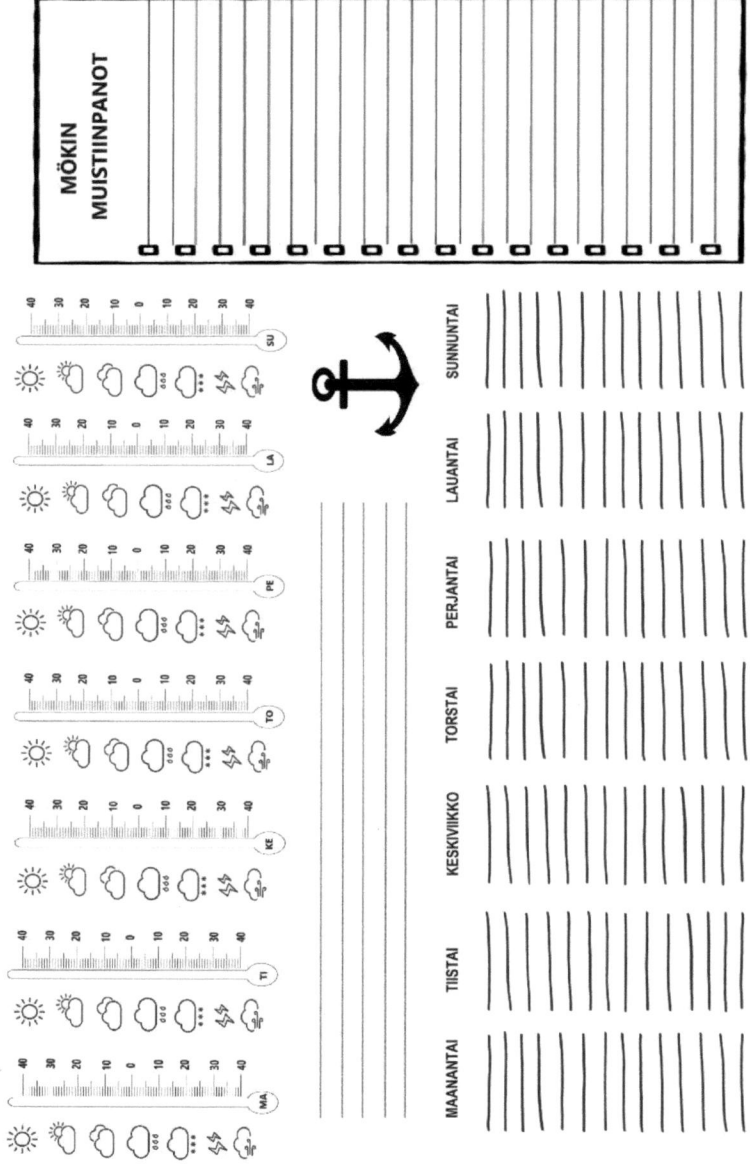

MÖKIN MUISTIINPANOT

SUNNUNTAI

LAUANTAI

PERJANTAI

TORSTAI

KESKIVIIKKO

TIISTAI

MAANANTAI

MÖKIN MUISTIINPANOT

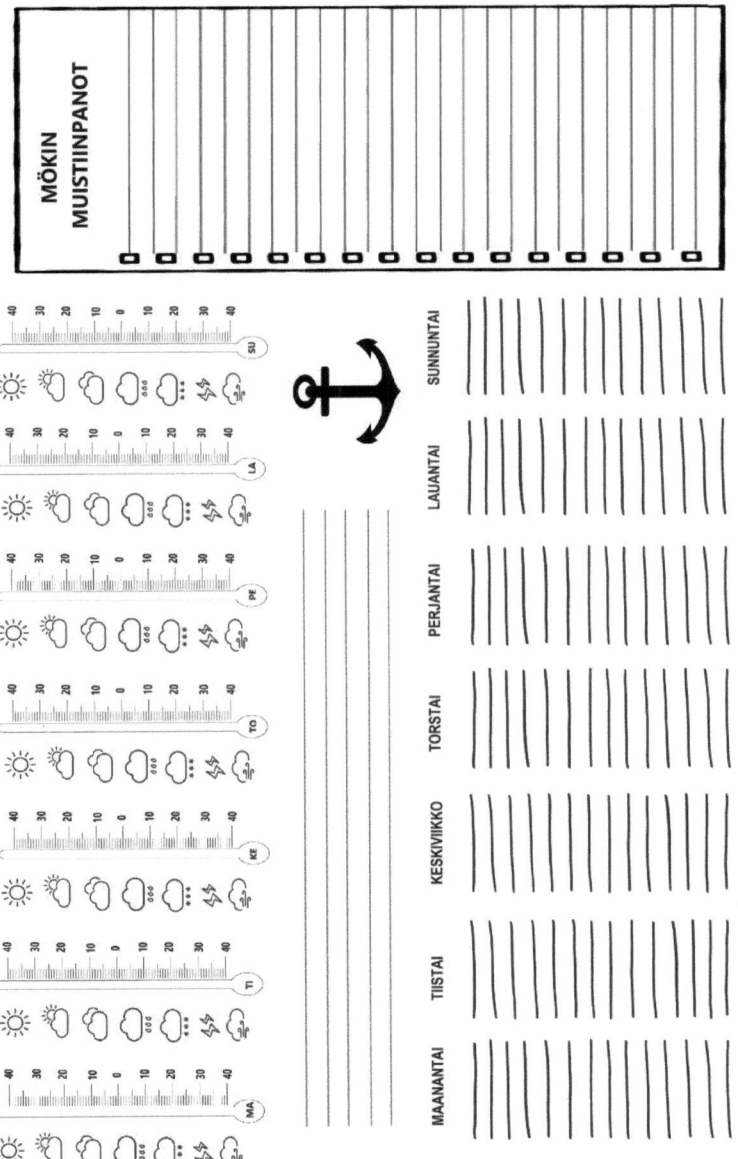

| SUNNUNTAI | LAUANTAI | PERJANTAI | TORSTAI | KESKIVIIKKO | TIISTAI | MAANANTAI |

MÖKIN MUISTIINPANOT

MAANANTAI

TIISTAI

KESKIVIIKKO

TORSTAI

PERJANTAI

LAUANTAI

SUNNUNTAI

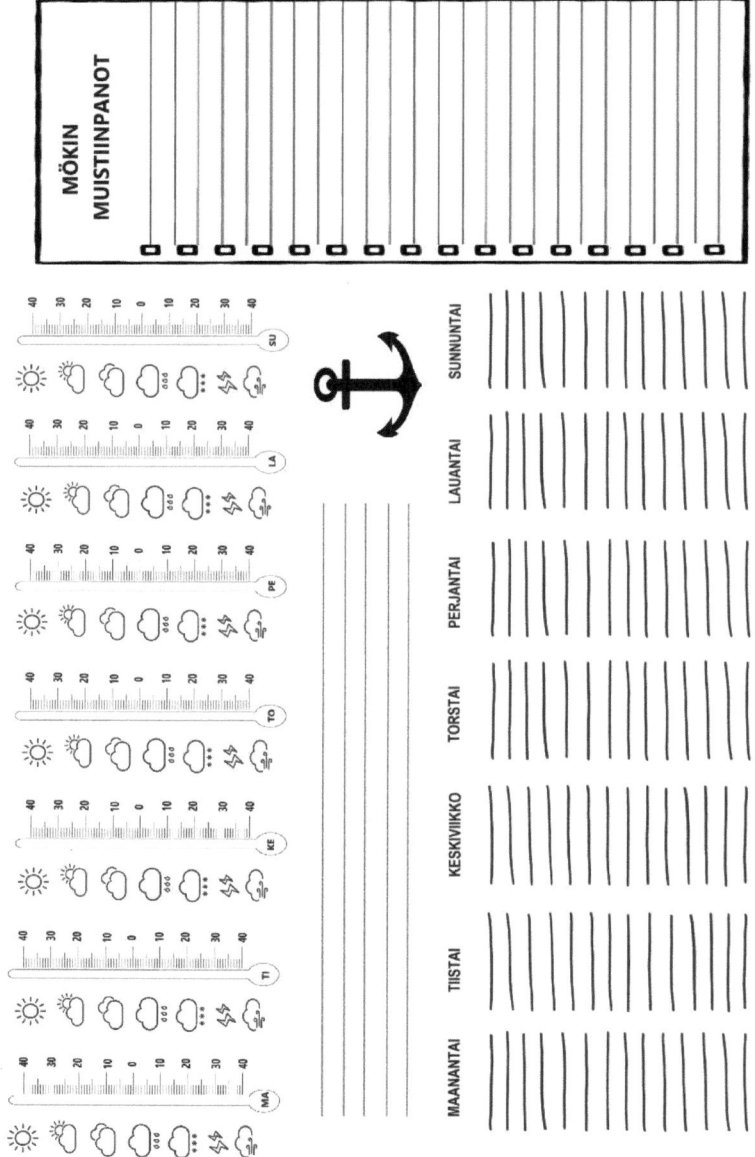

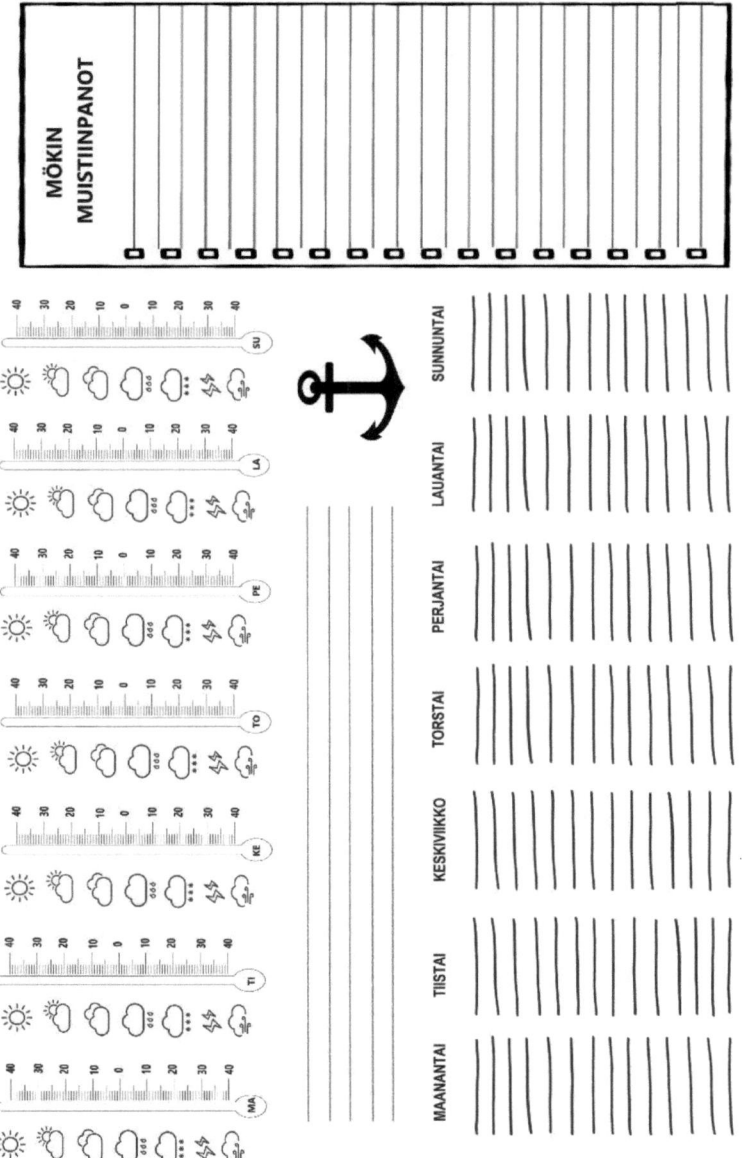

MÖKIN MUISTIINPANOT

SUNNUNTAI

LAUANTAI

PERJANTAI

TORSTAI

KESKIVIIKKO

TIISTAI

MAANANTAI

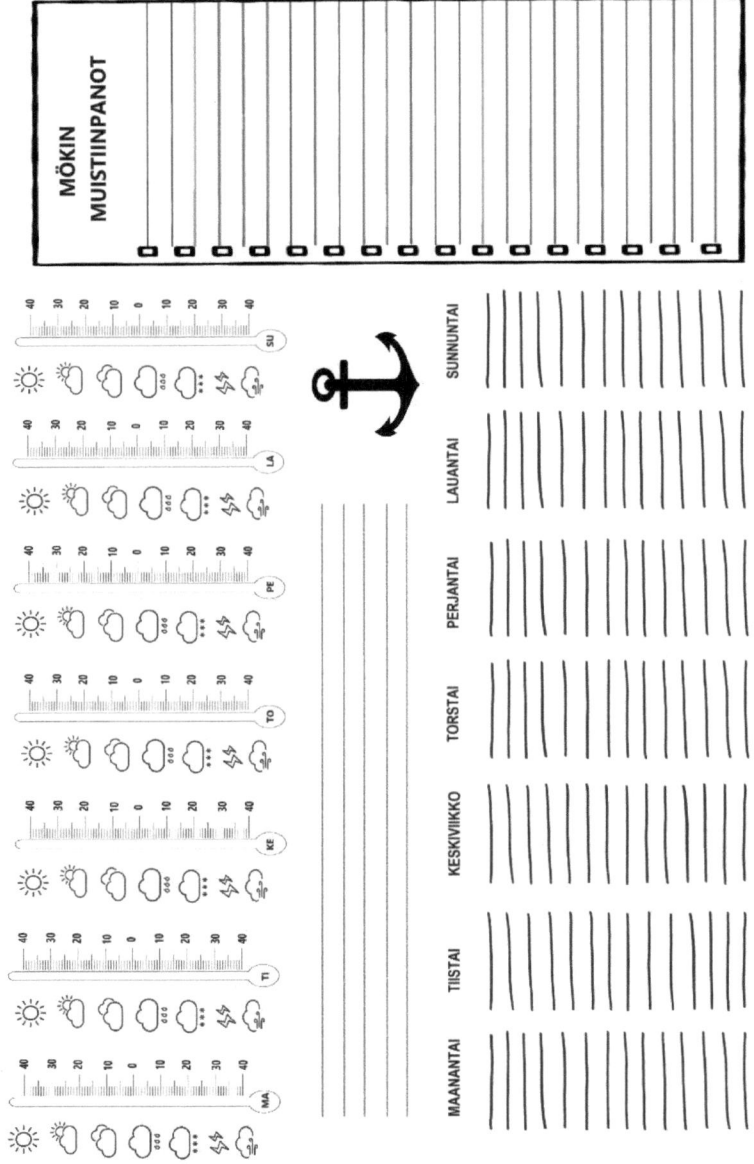

MÖKIN MUISTIINPANOT

SUNNUNTAI

LAUANTAI

PERJANTAI

TORSTAI

KESKIVIIKKO

TIISTAI

MAANANTAI

16

MÖKIN
MUISTIINPANOT

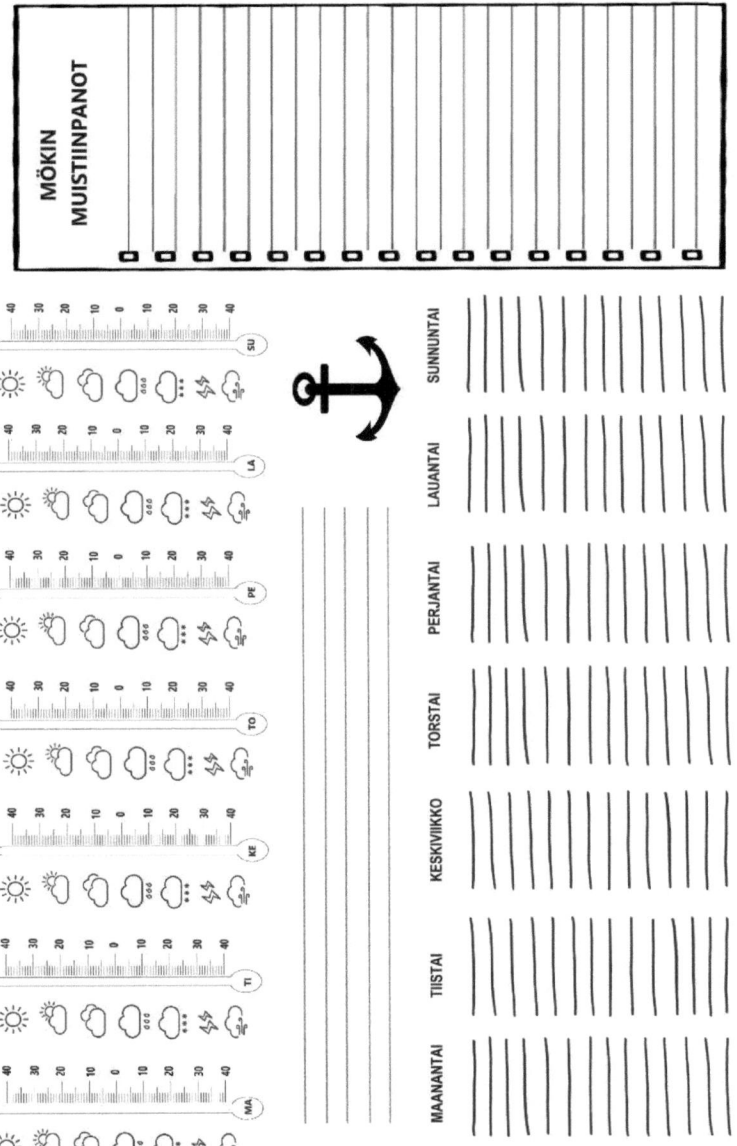

SUNNUNTAI

LAUANTAI

PERJANTAI

TORSTAI

KESKIVIIKKO

TIISTAI

MAANANTAI

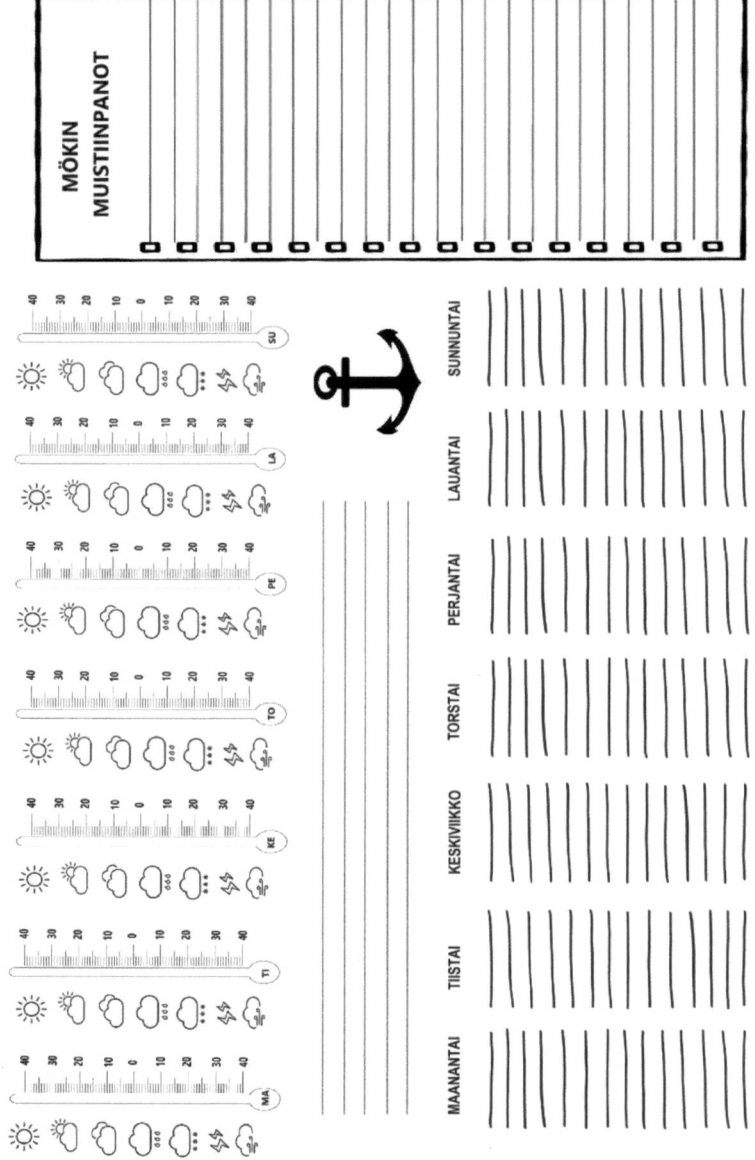

MÖKIN MUISTIINPANOT

SUNNUNTAI

LAUANTAI

PERJANTAI

TORSTAI

KESKIVIIKKO

TIISTAI

MAANANTAI

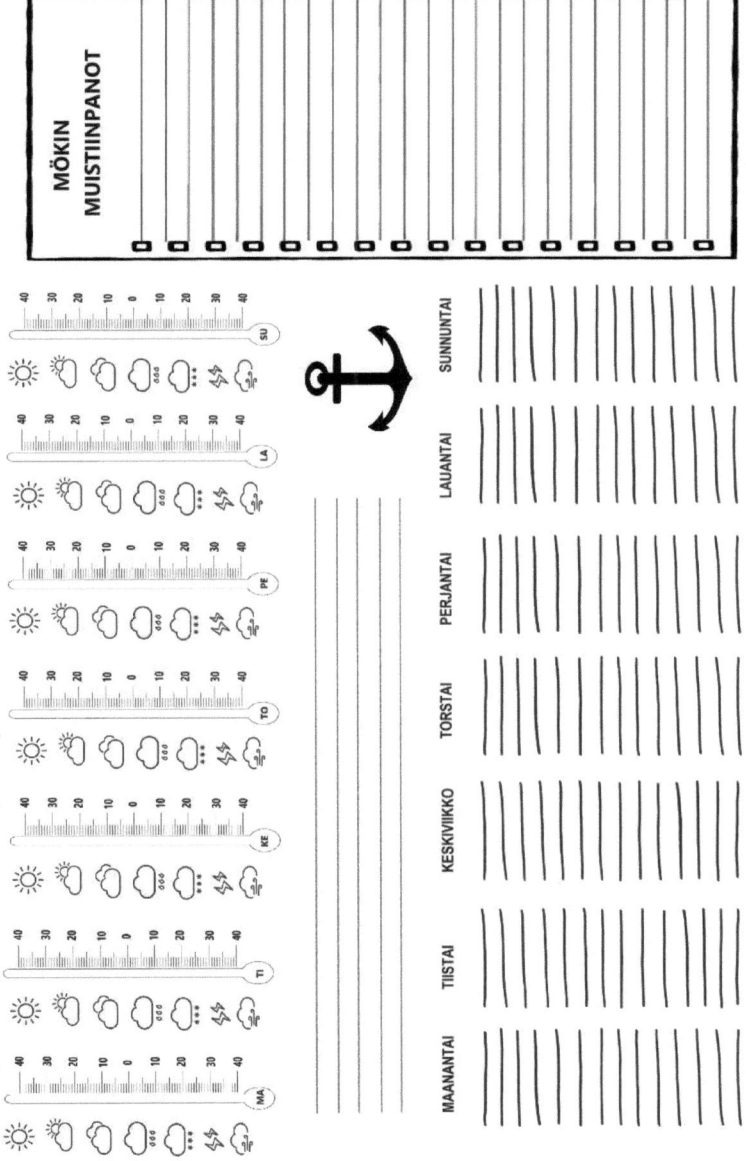

MÖKIN MUISTIINPANOT

SUNNUNTAI

LAUANTAI

PERJANTAI

TORSTAI

KESKIVIIKKO

TIISTAI

MAANANTAI

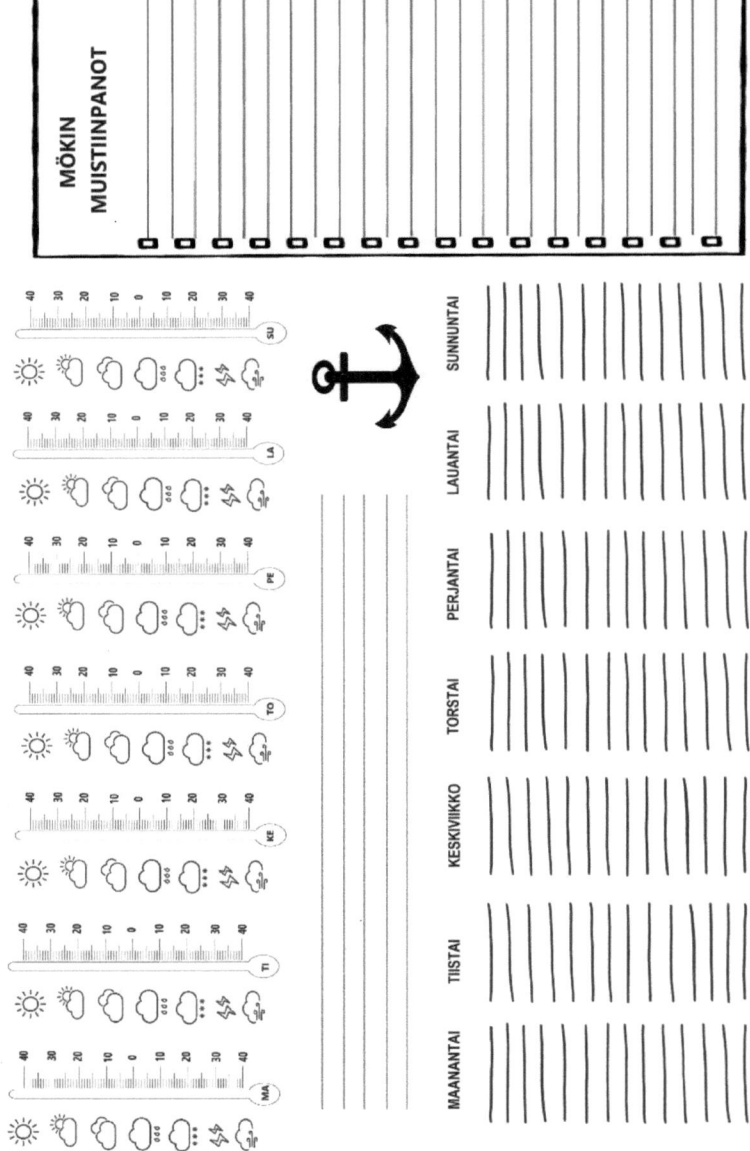

MÖKIN MUISTIINPANOT

SUNNUNTAI

LAUANTAI

PERJANTAI

TORSTAI

KESKIVIIKKO

TIISTAI

MAANANTAI

MÖKIN
MUISTIINPANOT

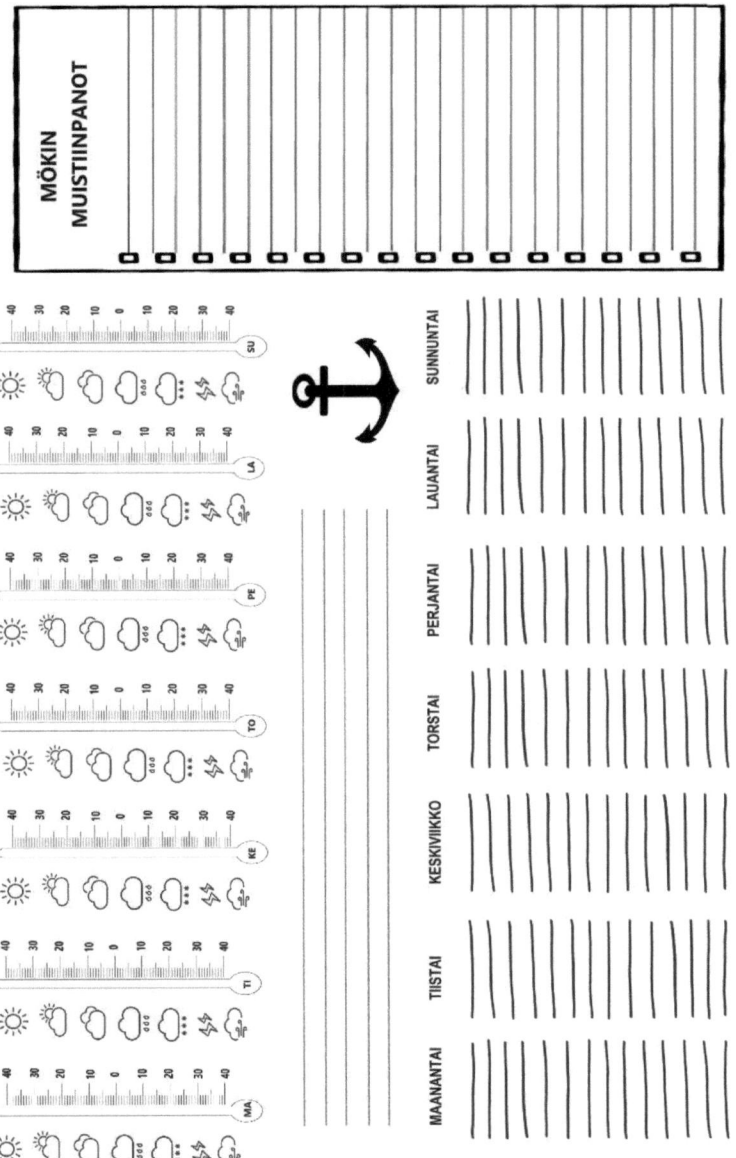

SUNNUNTAI

LAUANTAI

PERJANTAI

TORSTAI

KESKIVIIKKO

TIISTAI

MAANANTAI

MÖKIN MUISTIINPANOT

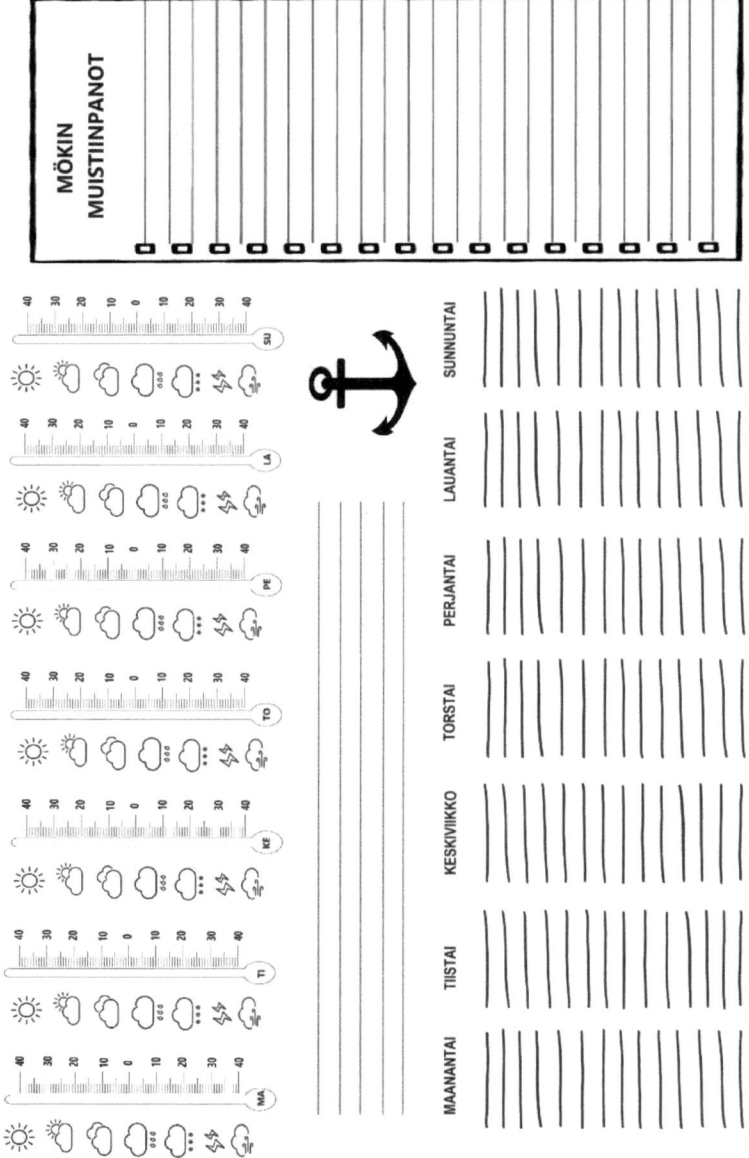

SUNNUNTAI

LAUANTAI

PERJANTAI

TORSTAI

KESKIVIIKKO

TIISTAI

MAANANTAI

MÖKIN MUISTIINPANOT

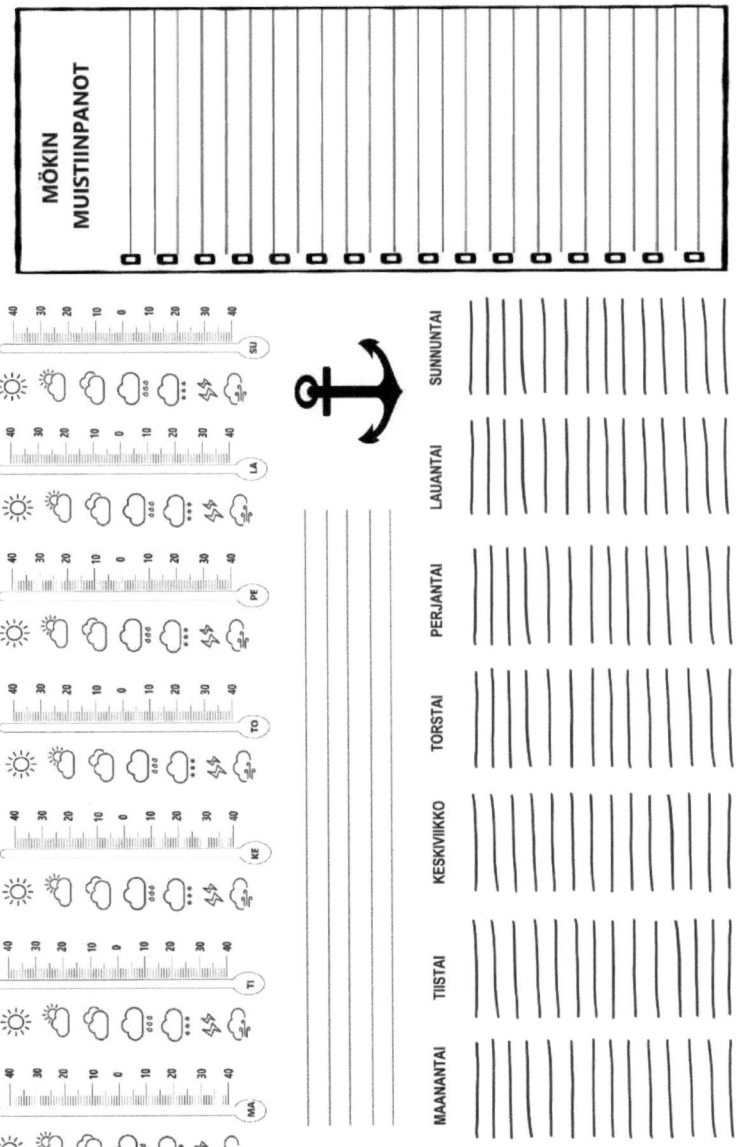

SUNNUNTAI

LAUANTAI

PERJANTAI

TORSTAI

KESKIVIIKKO

TIISTAI

MAANANTAI

MÖKIN MUISTIINPANOT

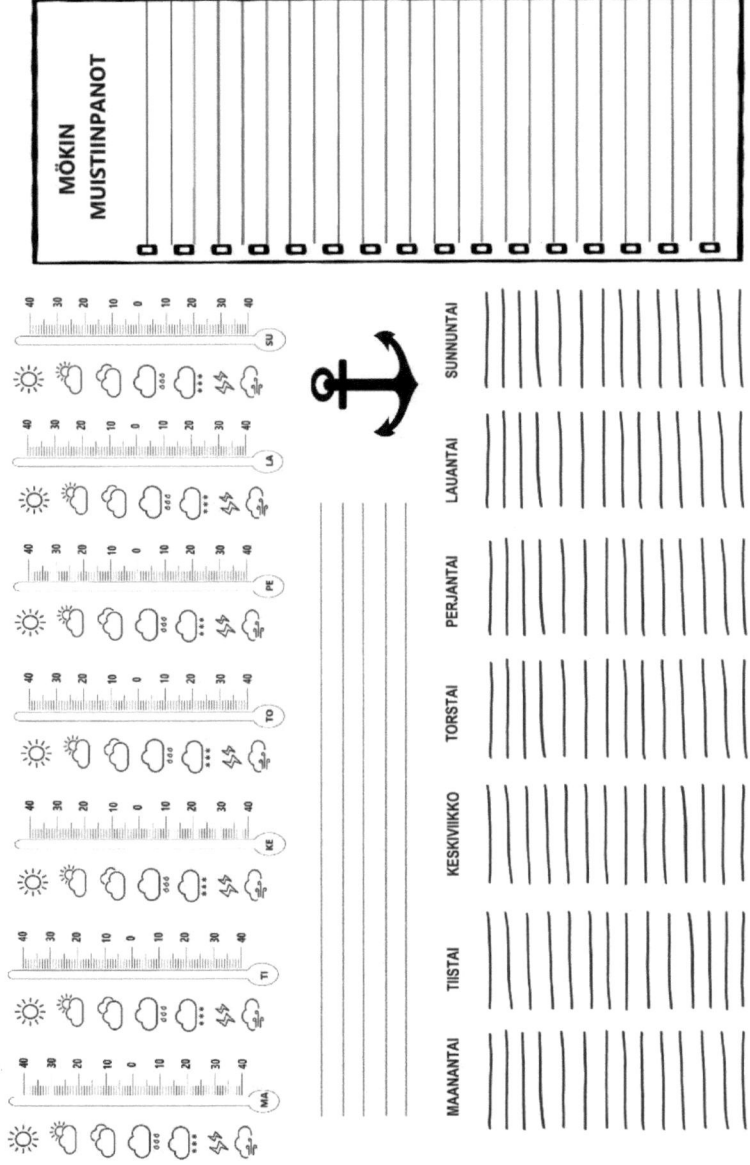

SUNNUNTAI

LAUANTAI

PERJANTAI

TORSTAI

KESKIVIIKKO

TIISTAI

MAANANTAI

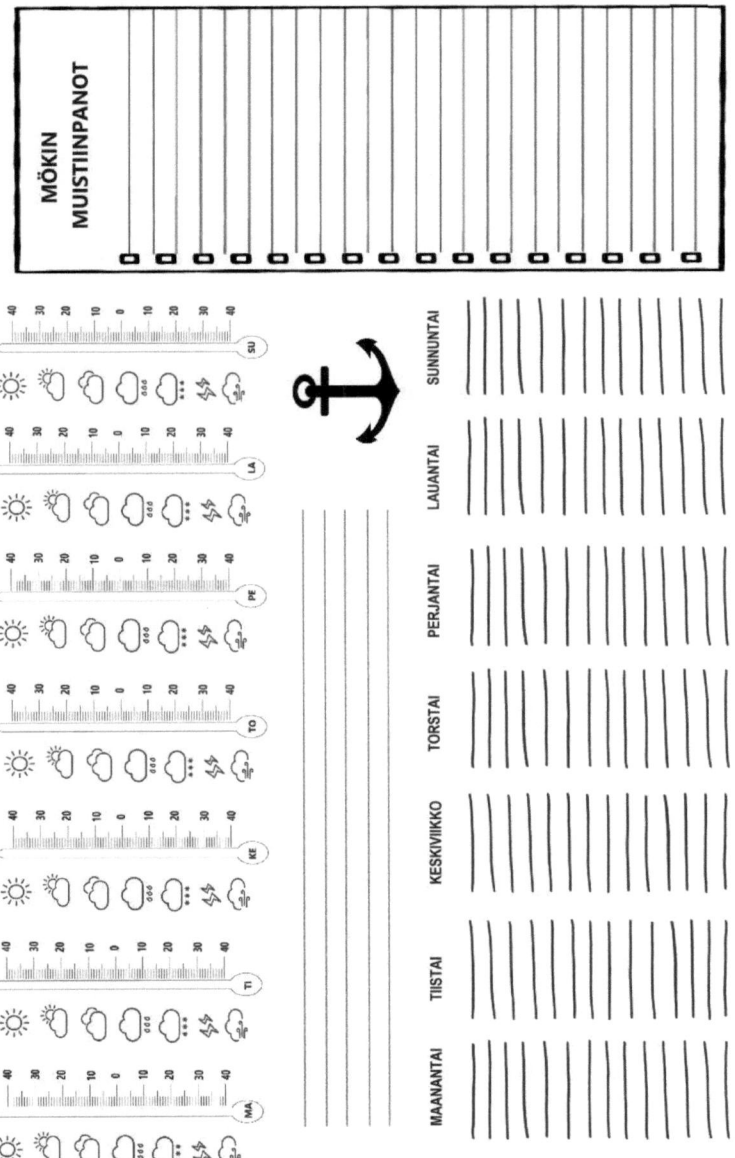

MÖKIN
MUISTIINPANOT

SUNNUNTAI

LAUANTAI

PERJANTAI

TORSTAI

KESKIVIIKKO

TIISTAI

MAANANTAI

SU

LA

PE

TO

KE

TI

MA

25

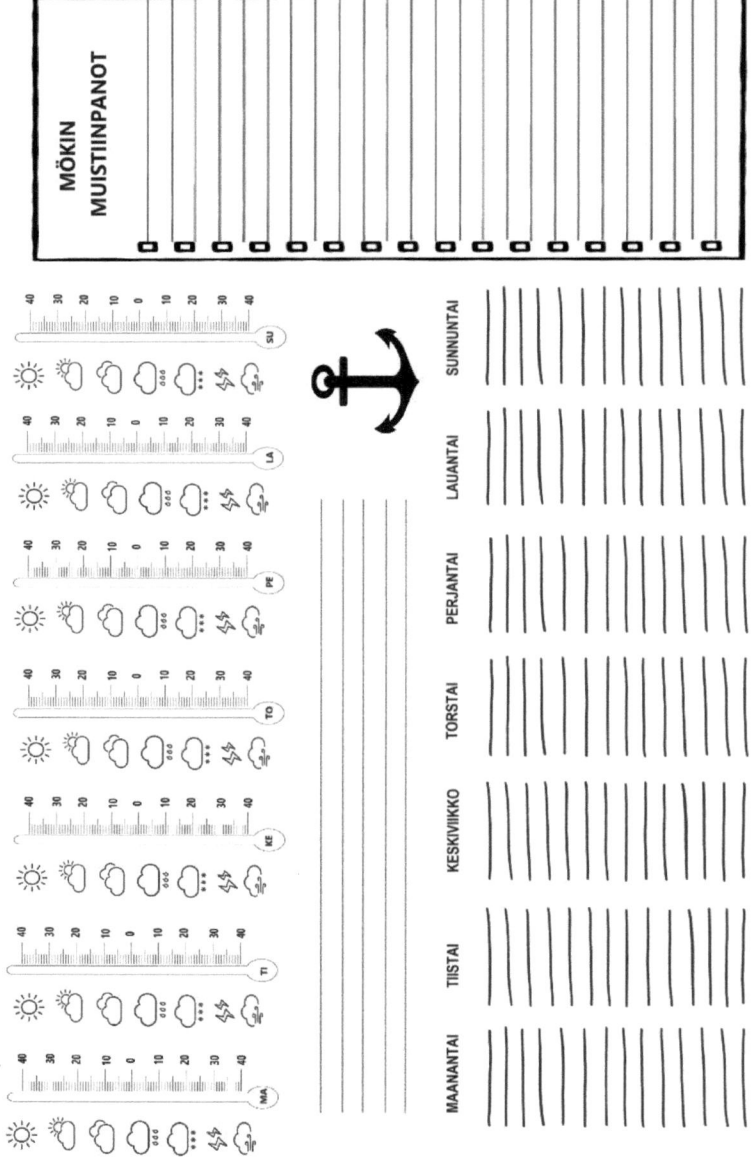

MÖKIN MUISTIINPANOT

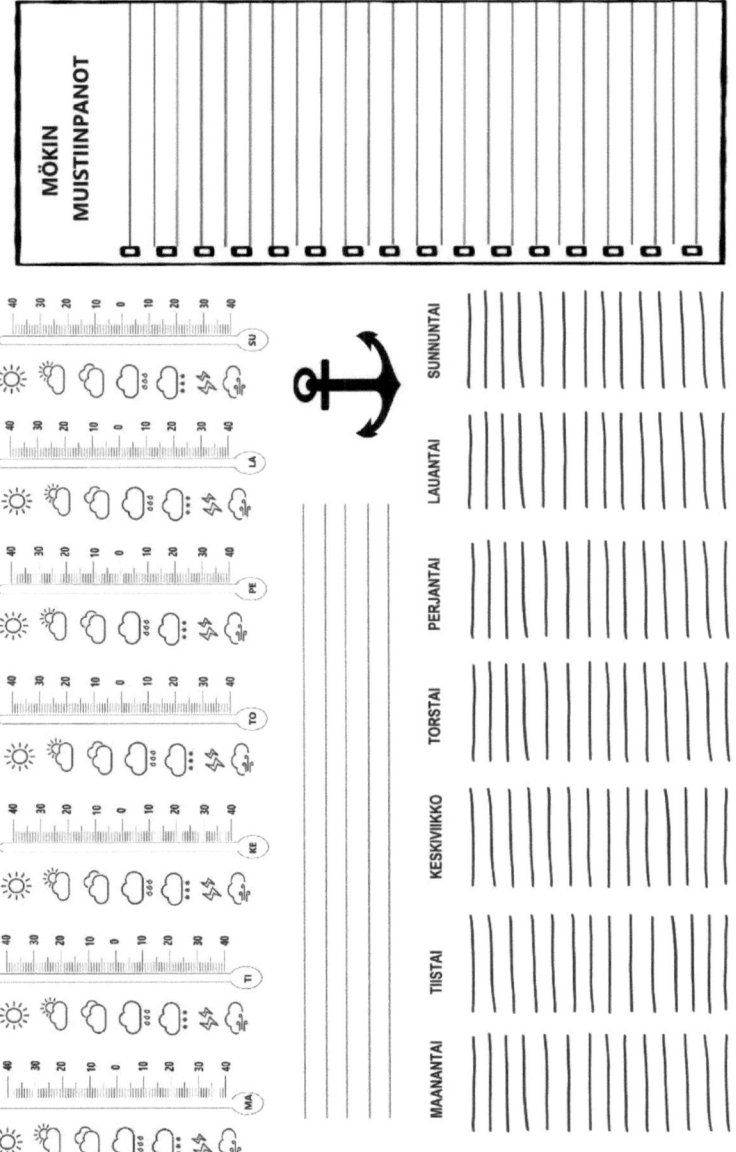

MÖKIN MUISTIINPANOT

SUNNUNTAI
LAUANTAI
PERJANTAI
TORSTAI
KESKIVIIKKO
TIISTAI
MAANANTAI

SU
LA
PE
TO
KE
TI
MA

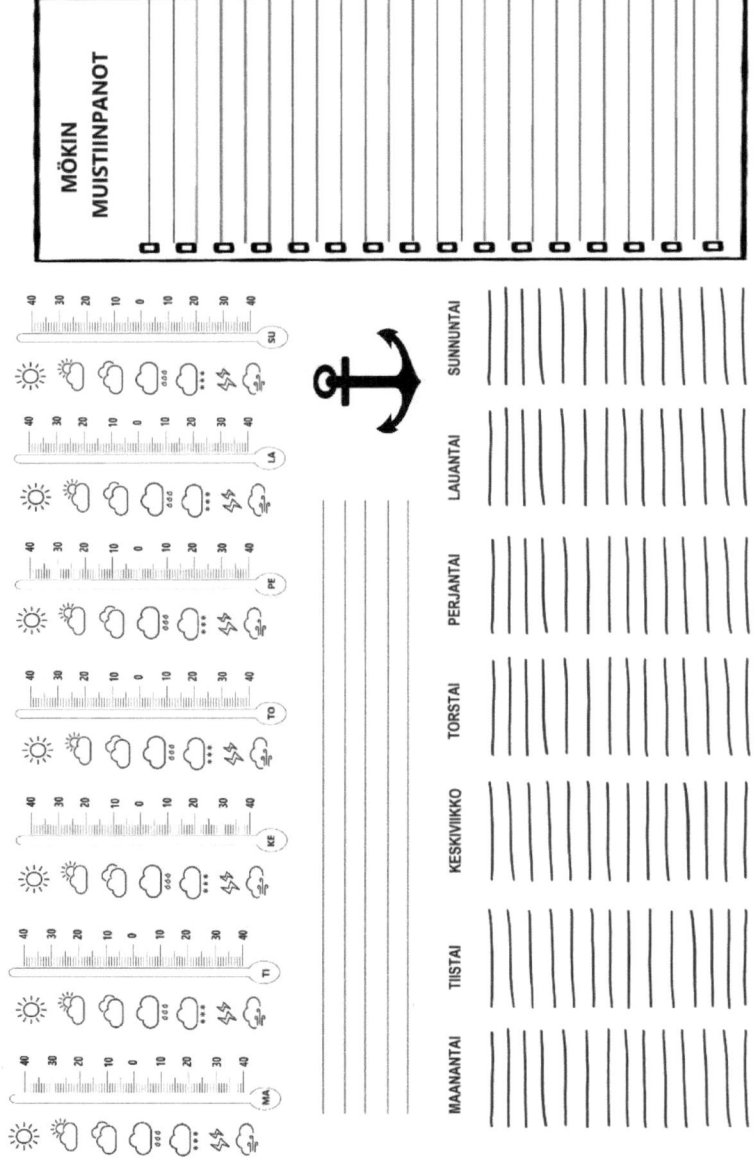

MÖKIN MUISTIINPANOT

SUNNUNTAI

LAUANTAI

PERJANTAI

TORSTAI

KESKIVIIKKO

TIISTAI

MAANANTAI

28

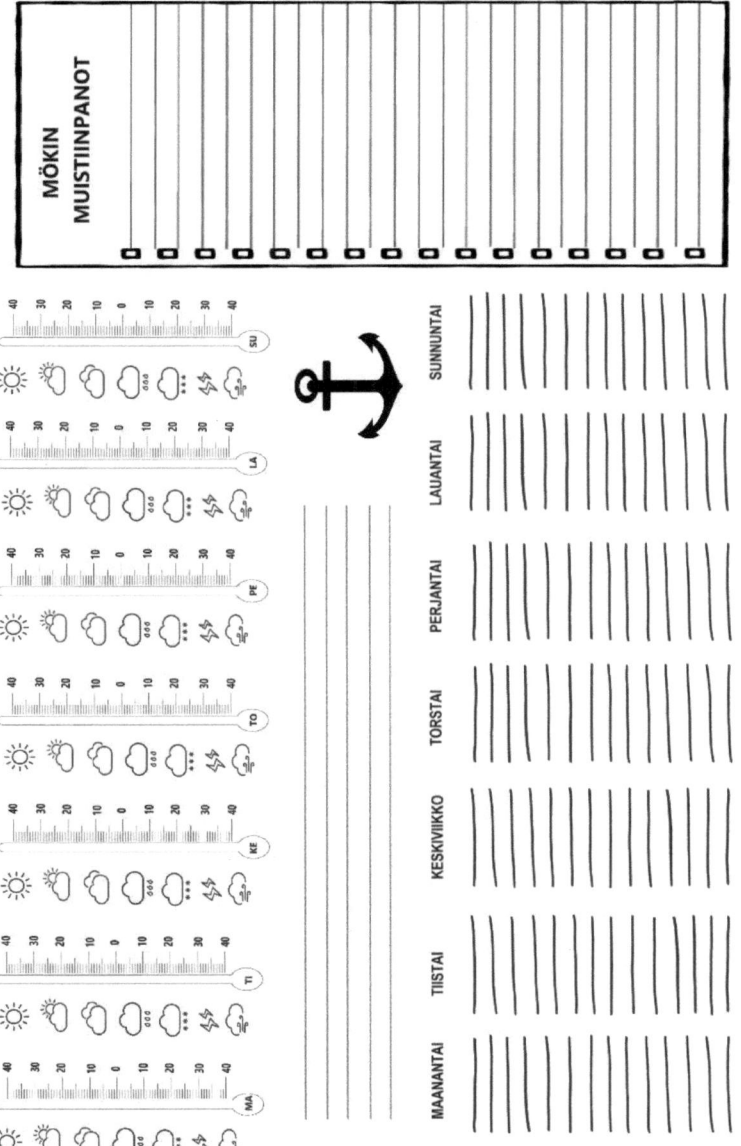

MÖKIN MUISTIINPANOT

SUNNUNTAI

LAUANTAI

PERJANTAI

TORSTAI

KESKIVIIKKO

TIISTAI

MAANANTAI

29

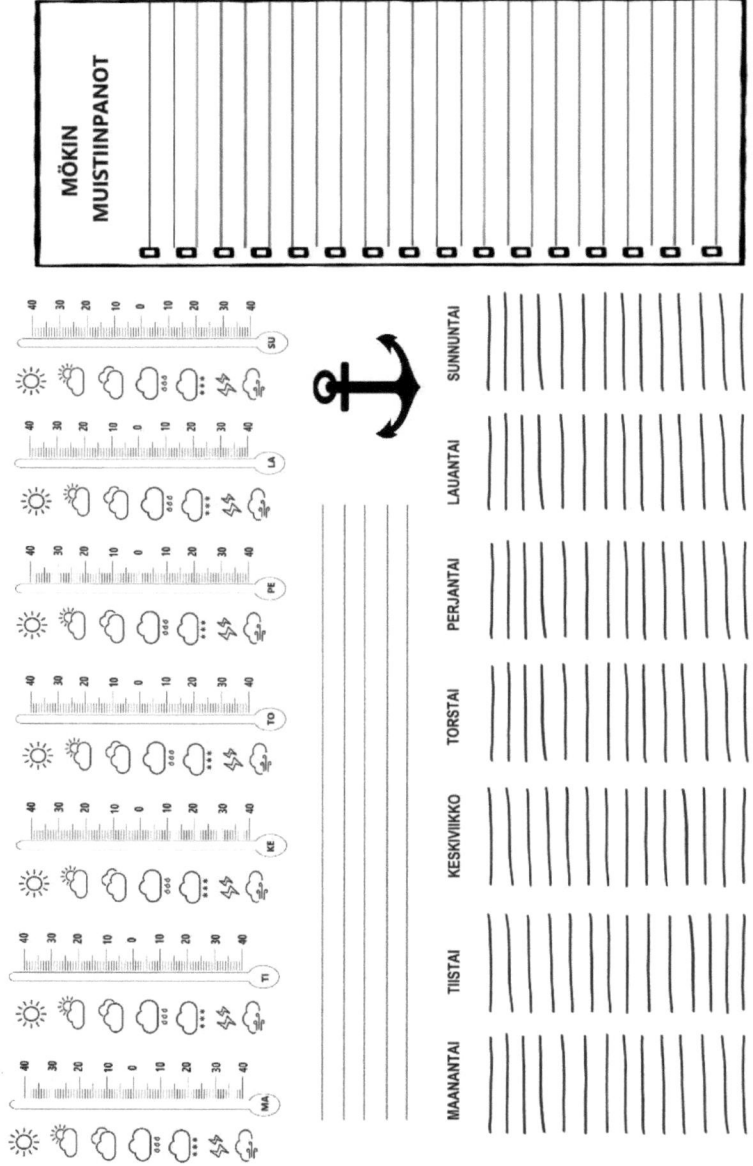

MÖKIN MUISTIINPANOT

SUNNUNTAI
LAUANTAI
PERJANTAI
TORSTAI
KESKIVIIKKO
TIISTAI
MAANANTAI

MÖKIN MUISTIINPANOT

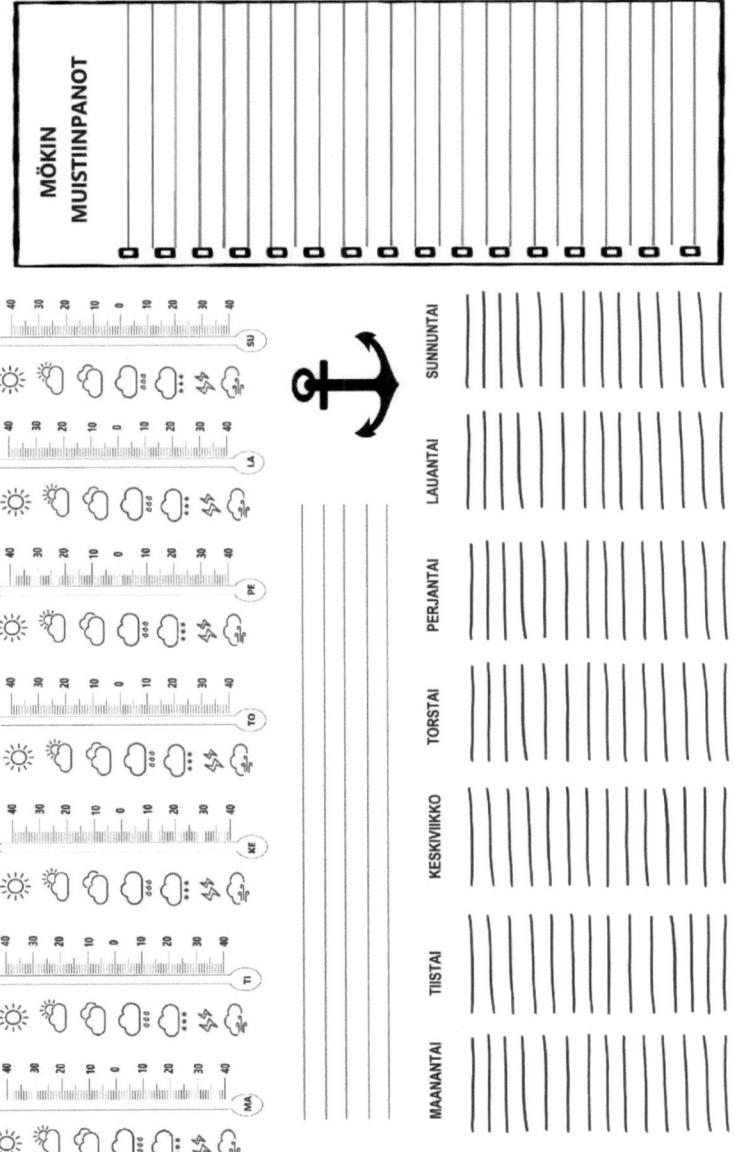

SUNNUNTAI

LAUANTAI

PERJANTAI

TORSTAI

KESKIVIIKKO

TIISTAI

MAANANTAI

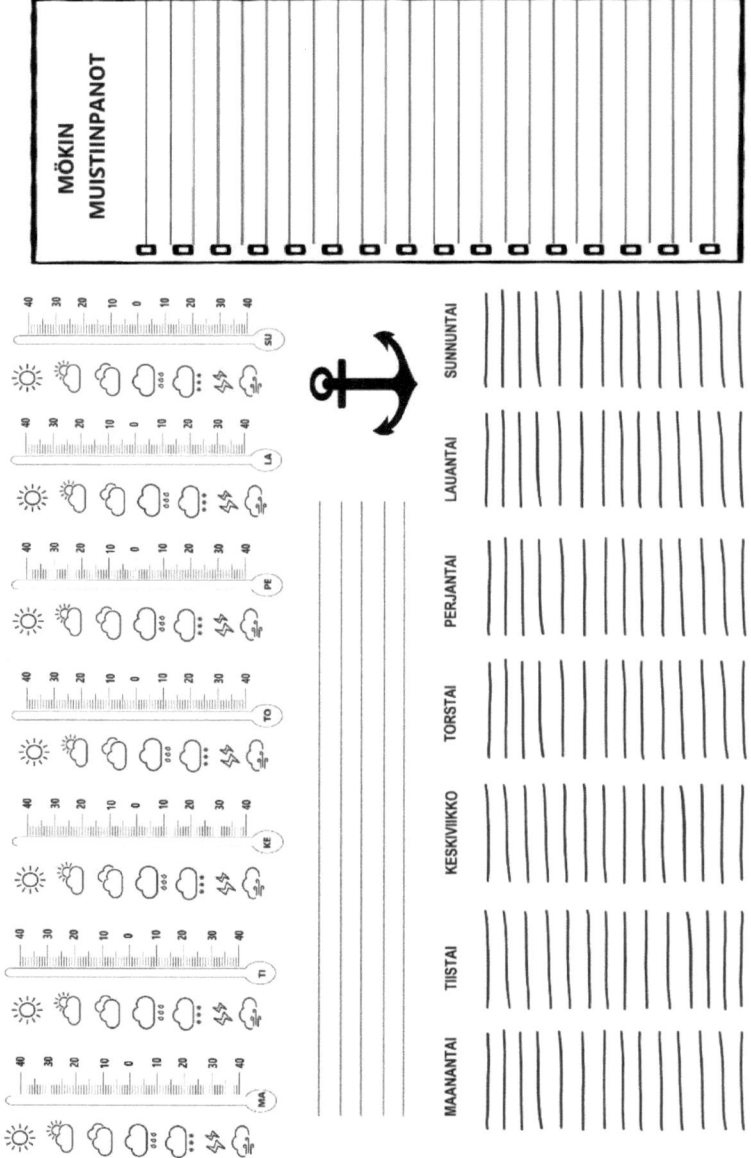

MÖKIN MUISTIINPANOT

SUNNUNTAI

LAUANTAI

PERJANTAI

TORSTAI

KESKIVIIKKO

TIISTAI

MAANANTAI

32

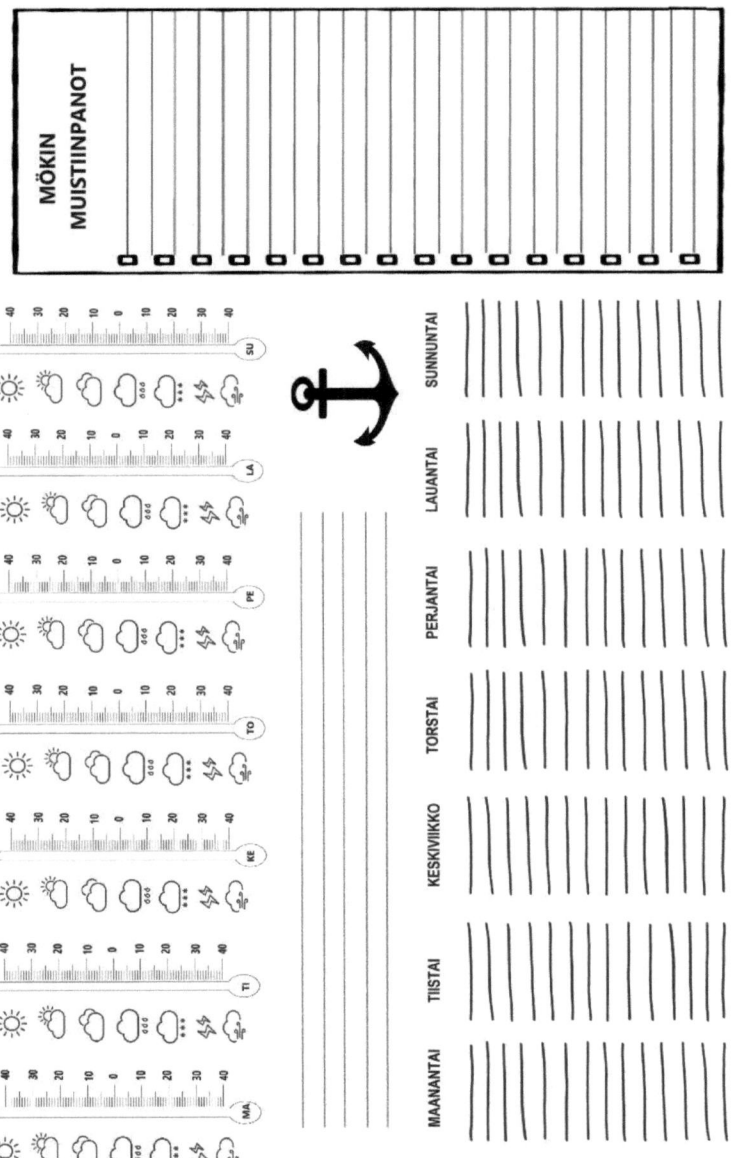

MÖKIN MUISTIINPANOT

SUNNUNTAI

LAUANTAI

PERJANTAI

TORSTAI

KESKIVIIKKO

TIISTAI

MAANANTAI

33

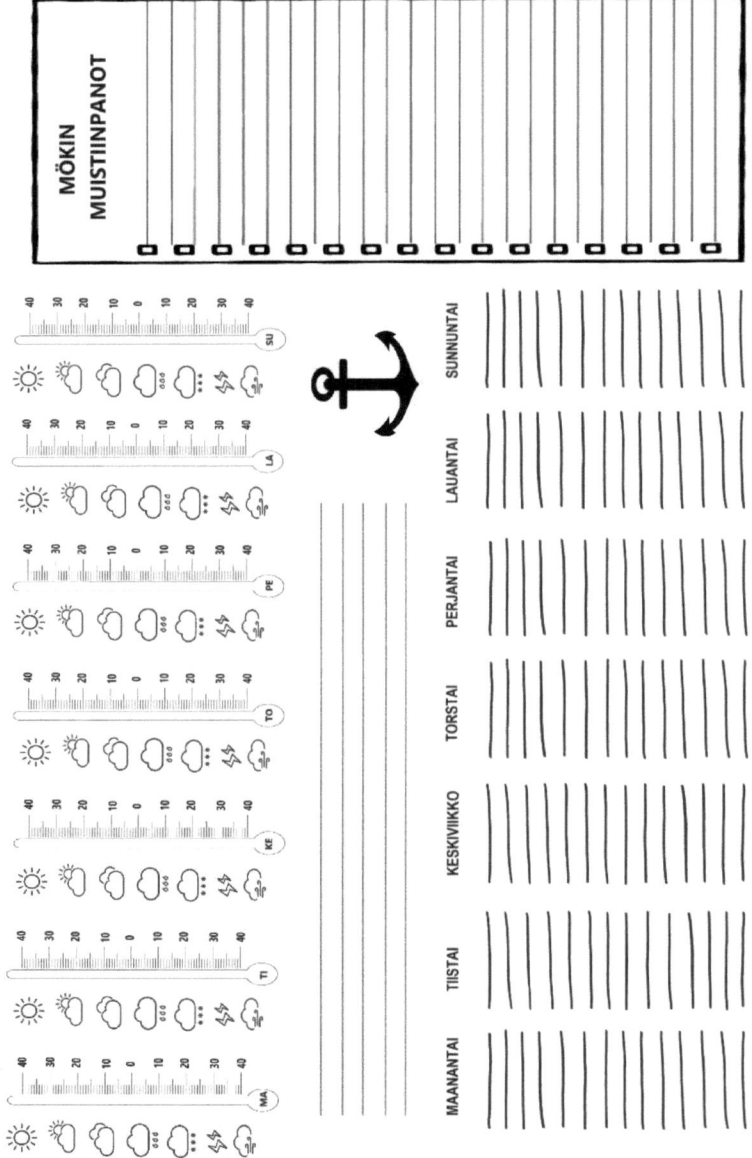

MÖKIN MUISTIINPANOT

SUNNUNTAI

LAUANTAI

PERJANTAI

TORSTAI

KESKIVIIKKO

TIISTAI

MAANANTAI

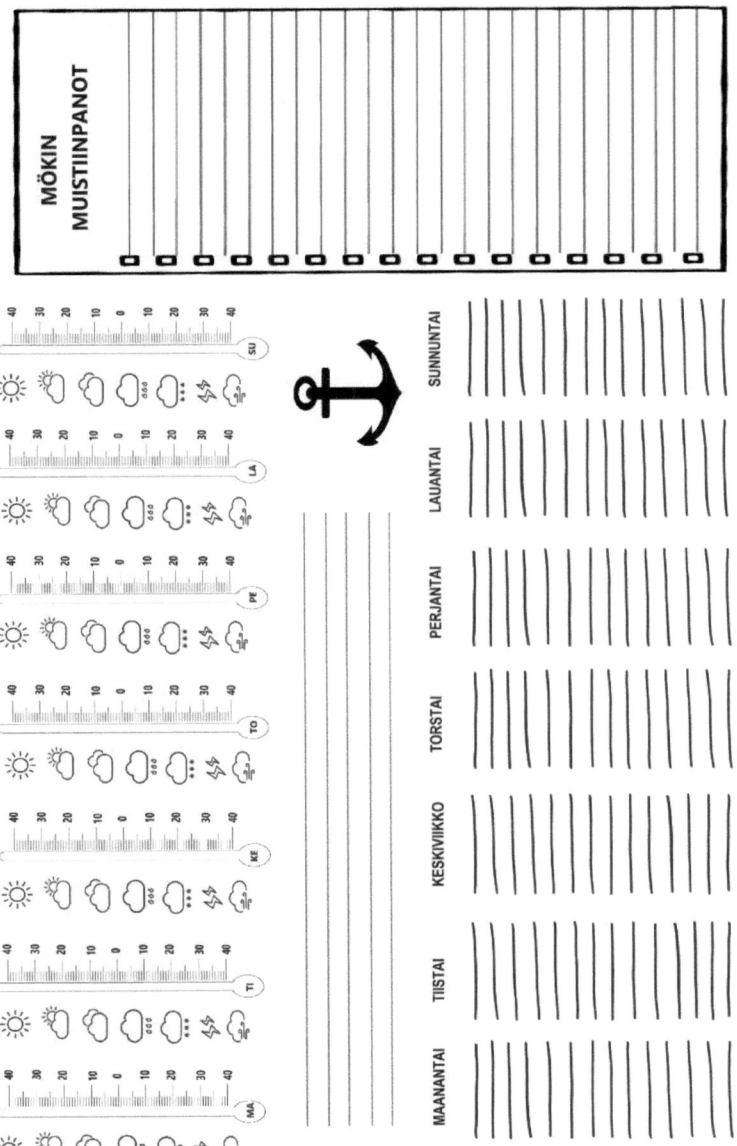

MÖKIN
MUISTIINPANOT

SUNNUNTAI

LAUANTAI

PERJANTAI

TORSTAI

KESKIVIIKKO

TIISTAI

MAANANTAI

35

MÖKIN MUISTIINPANOT

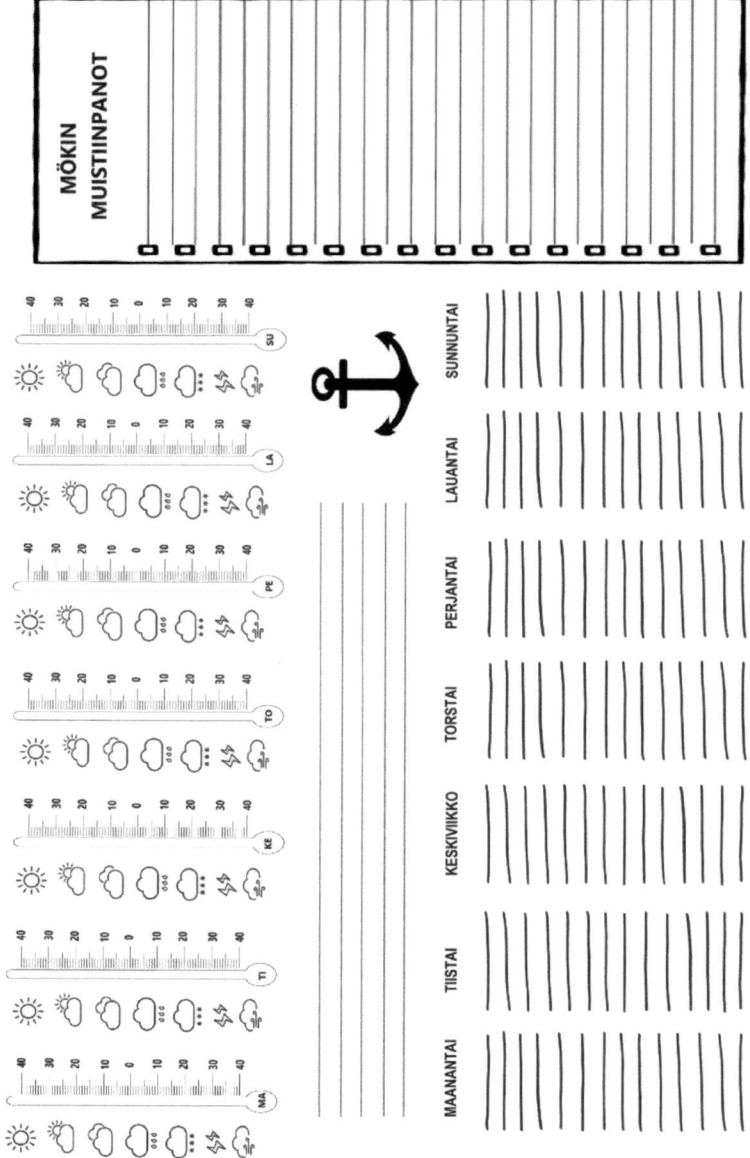

SUNNUNTAI

LAUANTAI

PERJANTAI

TORSTAI

KESKIVIIKKO

TIISTAI

MAANANTAI

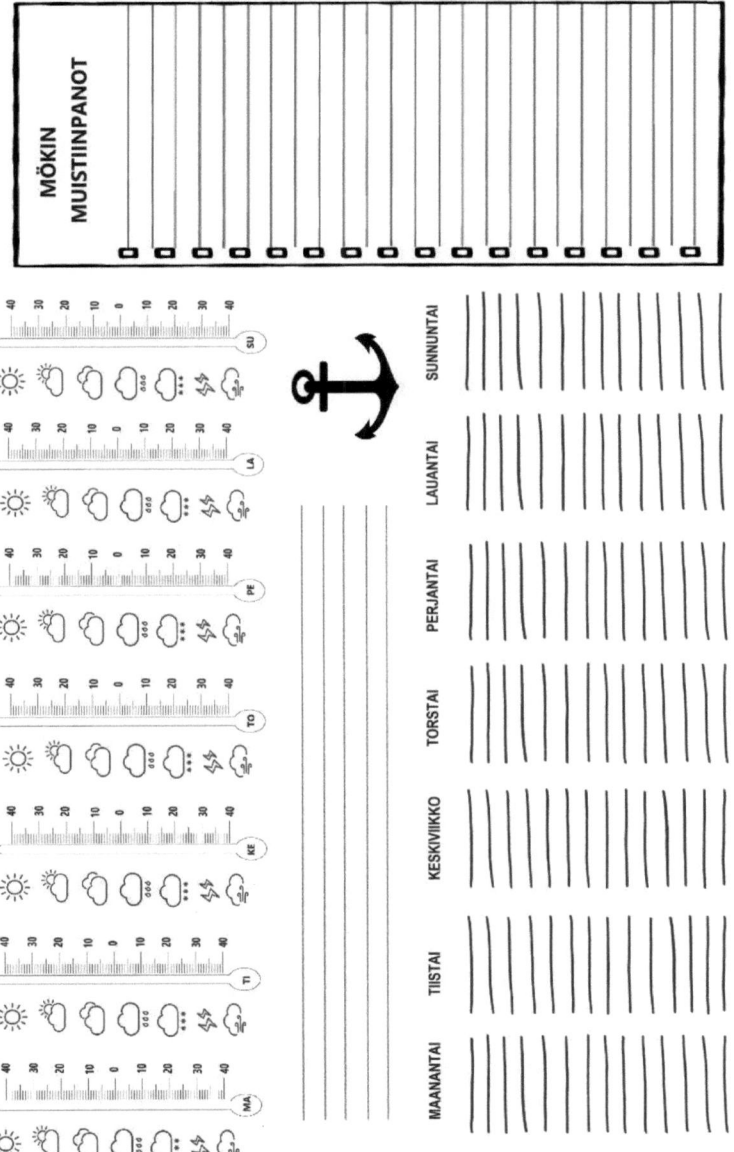

MÖKIN MUISTIINPANOT

SUNNUNTAI

LAUANTAI

PERJANTAI

TORSTAI

KESKIVIIKKO

TIISTAI

MAANANTAI

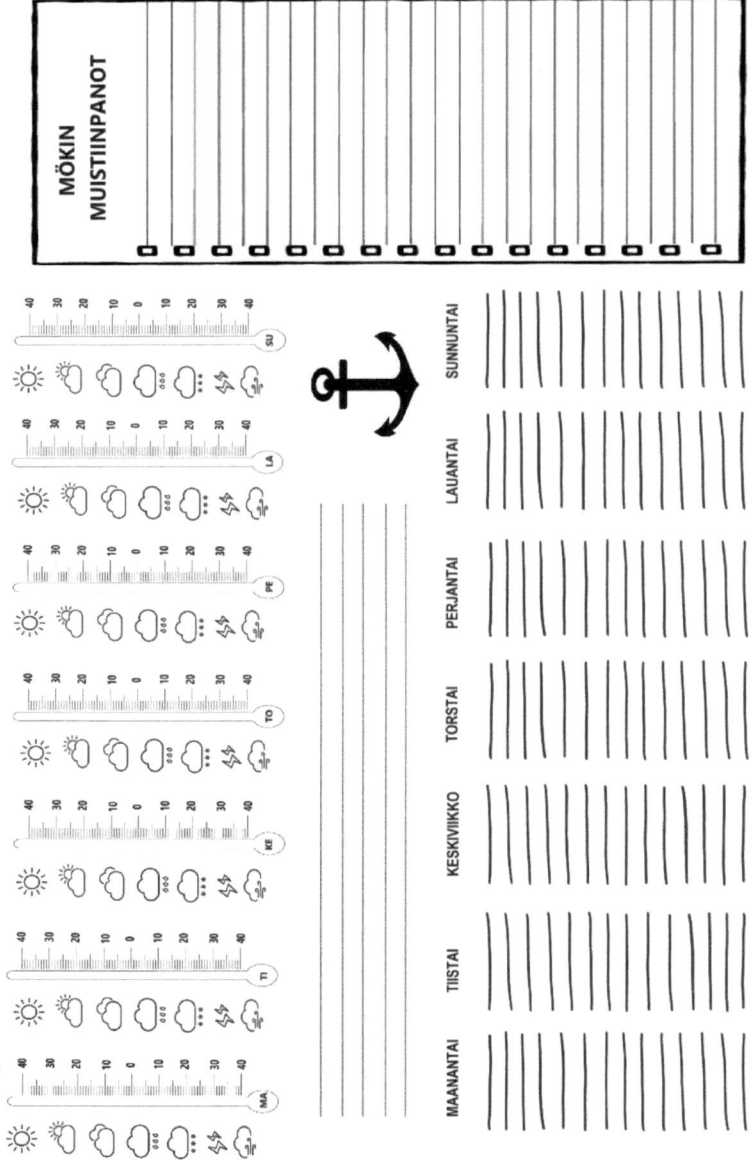

MÖKIN MUISTIINPANOT

SUNNUNTAI

LAUANTAI

PERJANTAI

TORSTAI

KESKIVIIKKO

TIISTAI

MAANANTAI

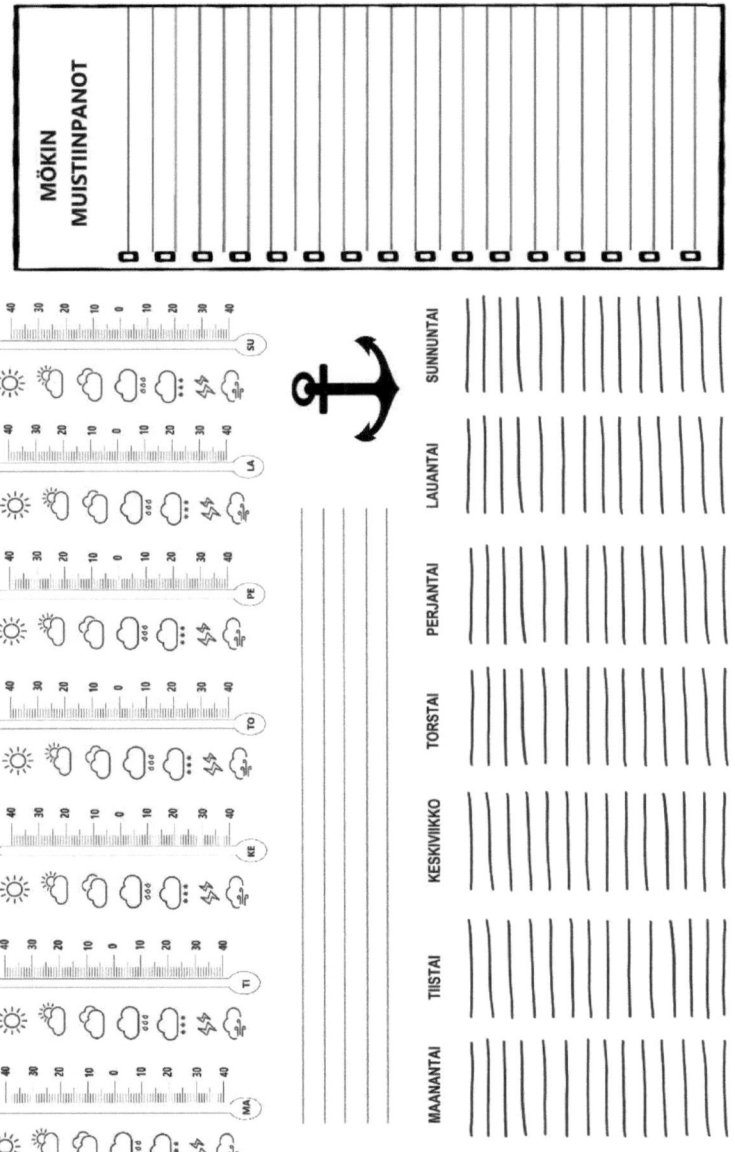

MÖKIN MUISTIINPANOT

SUNNUNTAI

LAUANTAI

PERJANTAI

TORSTAI

KESKIVIIKKO

TIISTAI

MAANANTAI

39

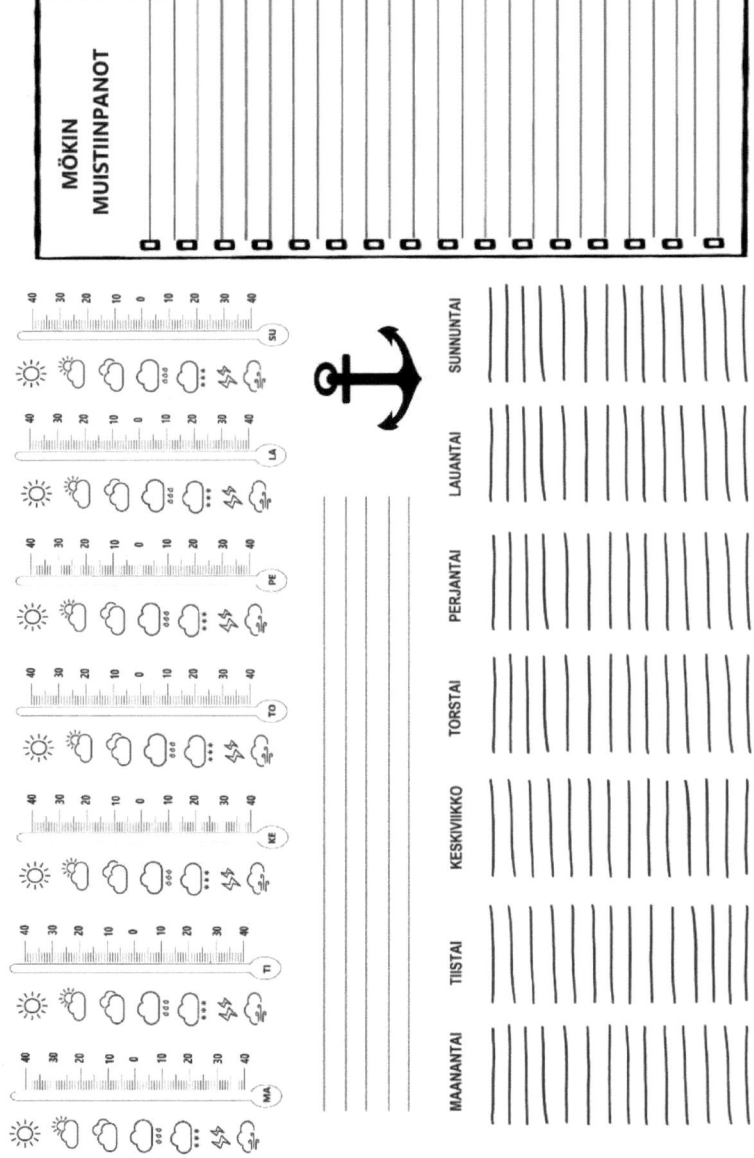

MÖKIN MUISTIINPANOT

SUNNUNTAI

LAUANTAI

PERJANTAI

TORSTAI

KESKIVIIKKO

TIISTAI

MAANANTAI

40

MÖKIN MUISTIINPANOT

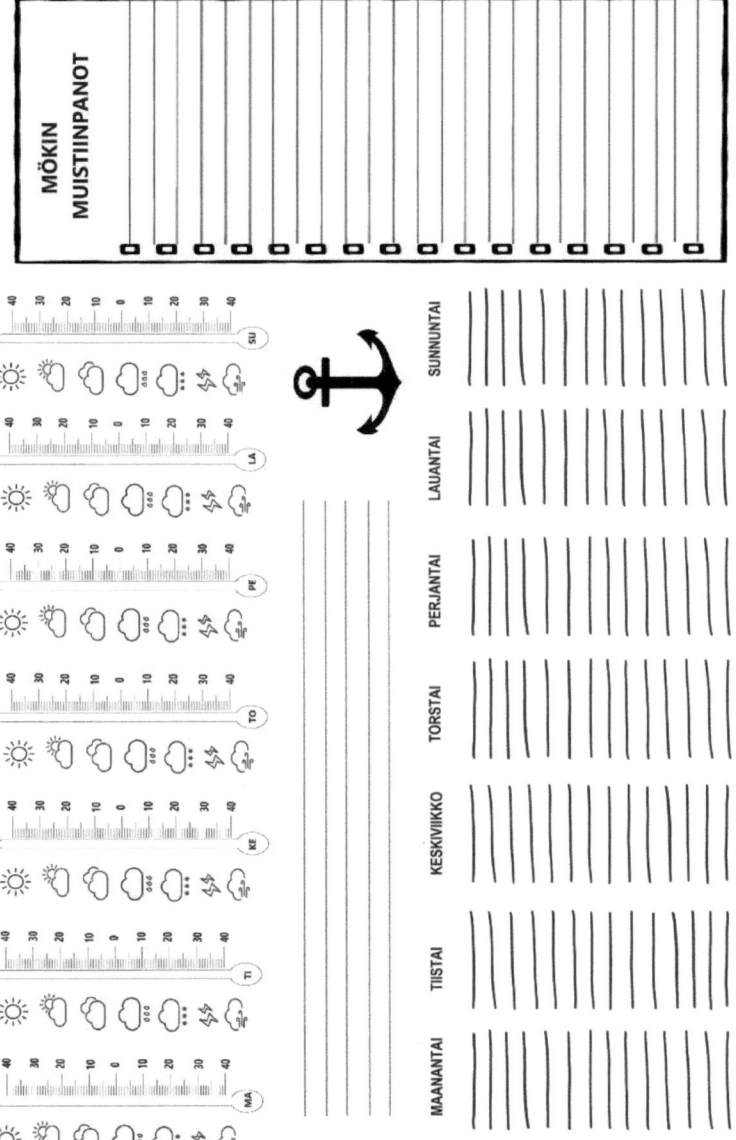

SUNNUNTAI

LAUANTAI

PERJANTAI

TORSTAI

KESKIVIIKKO

TIISTAI

MAANANTAI

SU

LA

PE

TO

KE

TI

MA

41

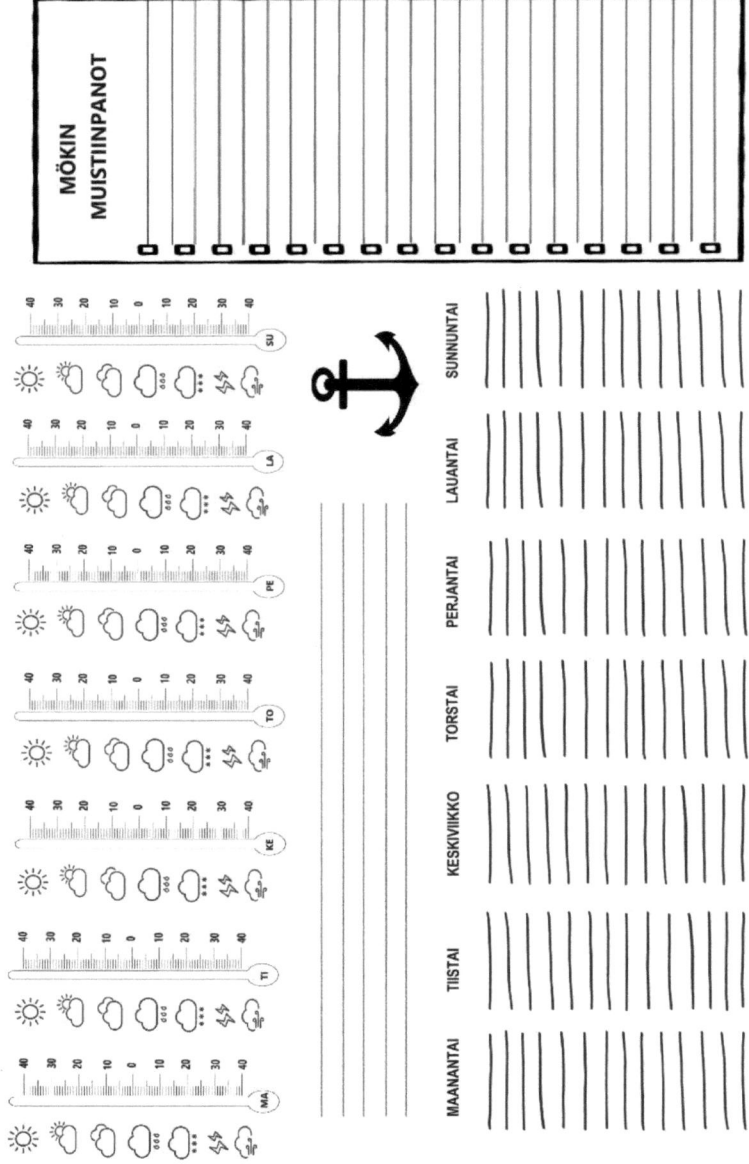

MÖKIN MUISTIINPANOT

SUNNUNTAI

LAUANTAI

PERJANTAI

TORSTAI

KESKIVIIKKO

TIISTAI

MAANANTAI

SU

LA

PE

TO

KE

TI

MA

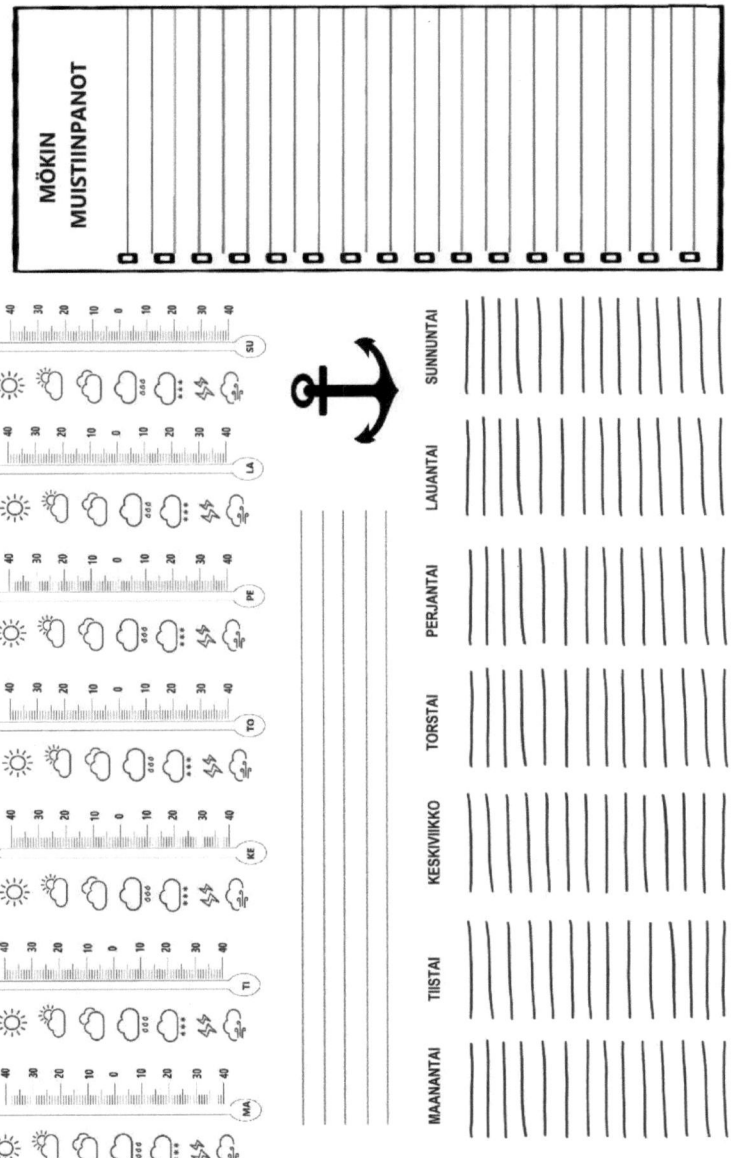

MÖKIN
MUISTIINPANOT

SUNNUNTAI

LAUANTAI

PERJANTAI

TORSTAI

KESKIVIIKKO

TIISTAI

MAANANTAI

43

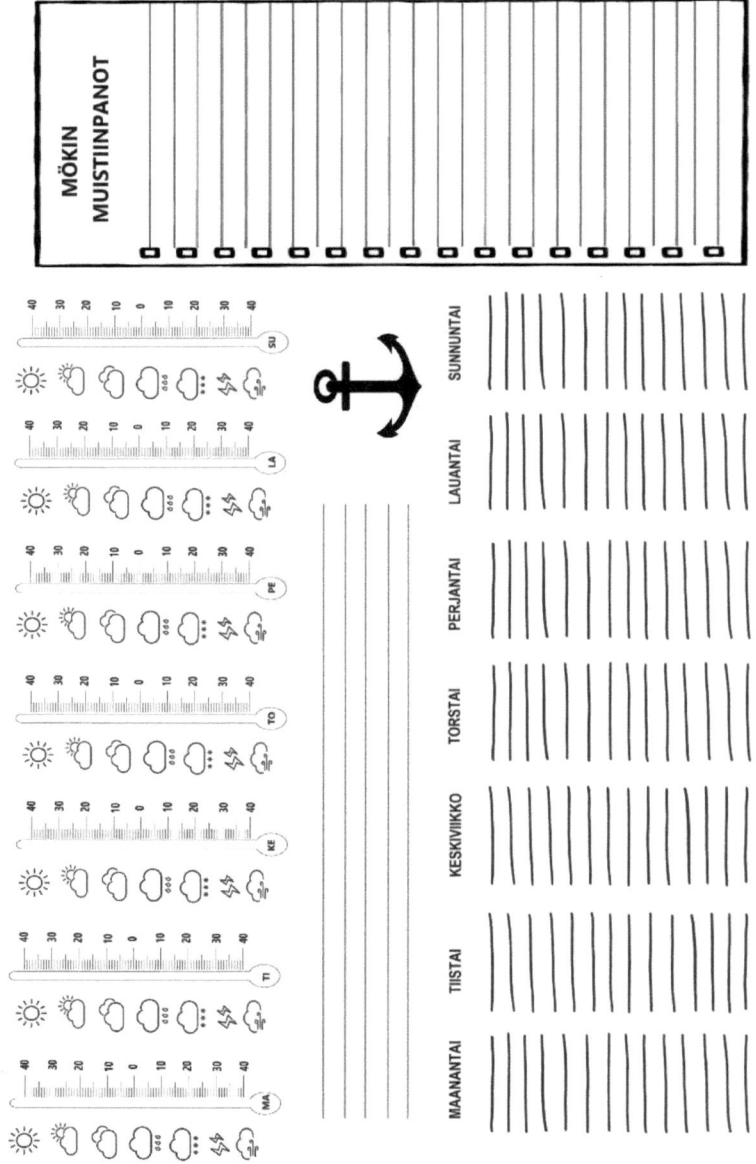

MÖKIN MUISTIINPANOT

SUNNUNTAI

LAUANTAI

PERJANTAI

TORSTAI

KESKIVIIKKO

TIISTAI

MAANANTAI

44

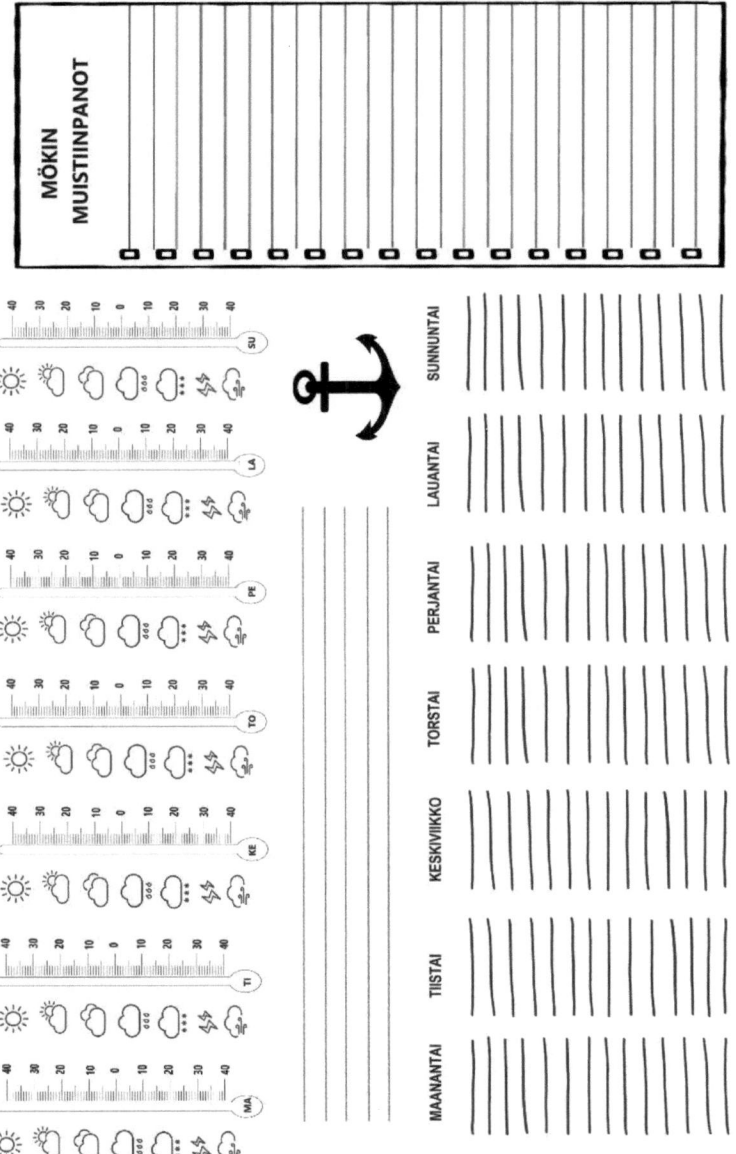

MÖKIN
MUISTIINPANOT

SUNNUNTAI

LAUANTAI

PERJANTAI

TORSTAI

KESKIVIIKKO

TIISTAI

MAANANTAI

MÖKIN MUISTIINPANOT

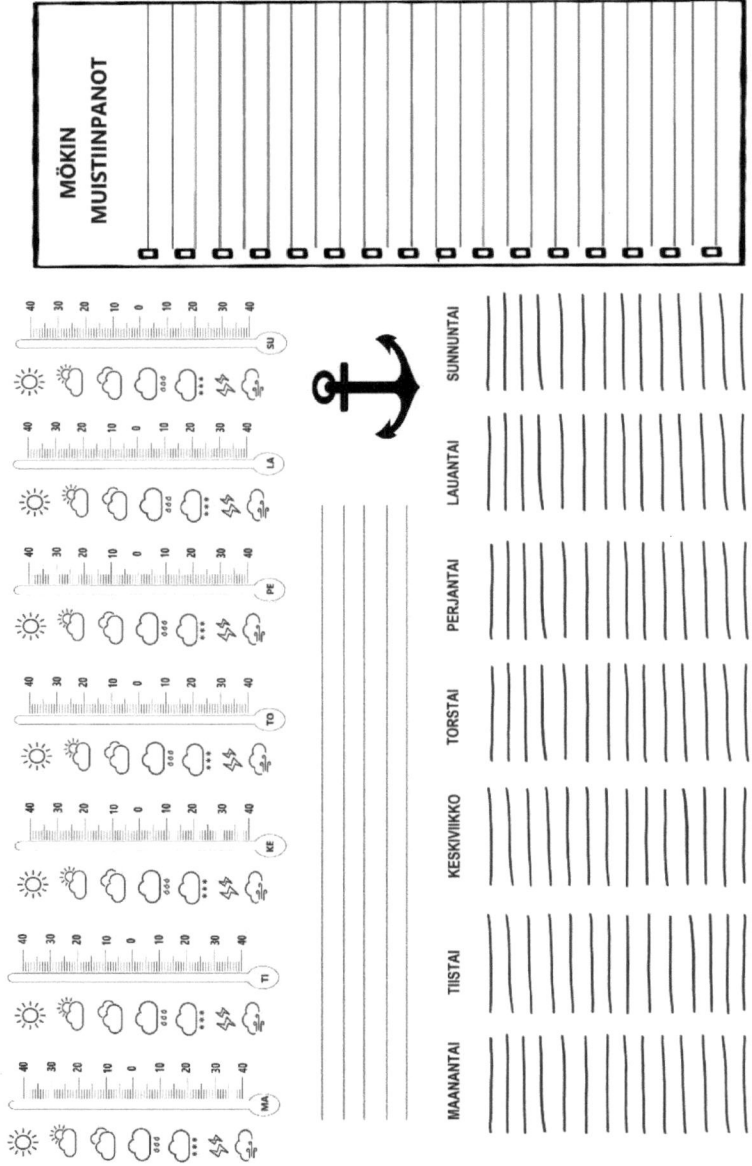

SUNNUNTAI

LAUANTAI

PERJANTAI

TORSTAI

KESKIVIIKKO

TIISTAI

MAANANTAI

MÖKIN MUISTIINPANOT

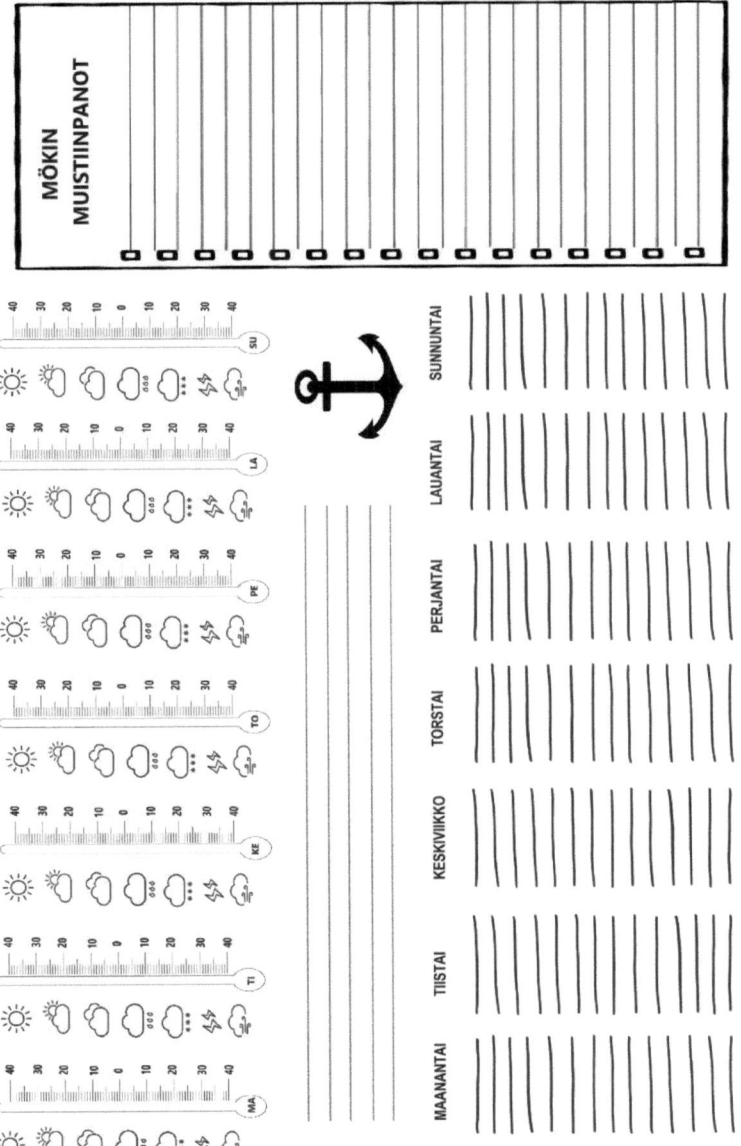

SUNNUNTAI

LAUANTAI

PERJANTAI

TORSTAI

KESKIVIIKKO

TIISTAI

MAANANTAI

MÖKIN MUISTIINPANOT

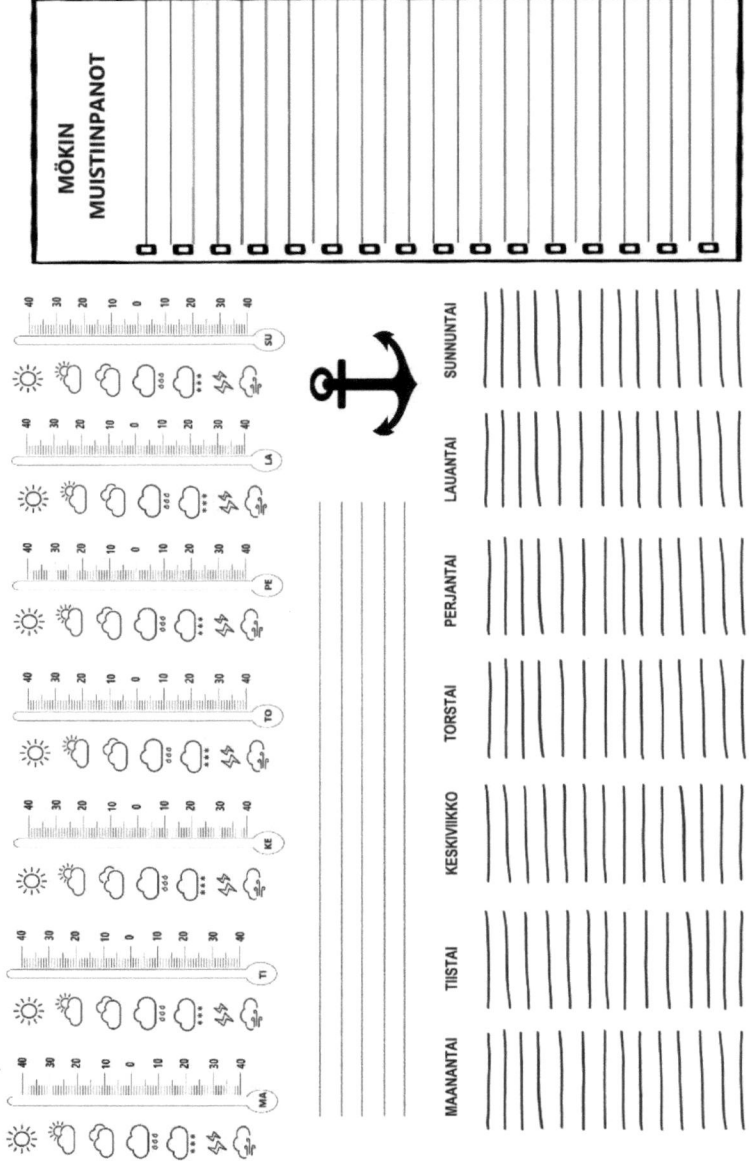

SUNNUNTAI

LAUANTAI

PERJANTAI

TORSTAI

KESKIVIIKKO

TIISTAI

MAANANTAI

SU

LA

PE

TO

KE

TI

MA

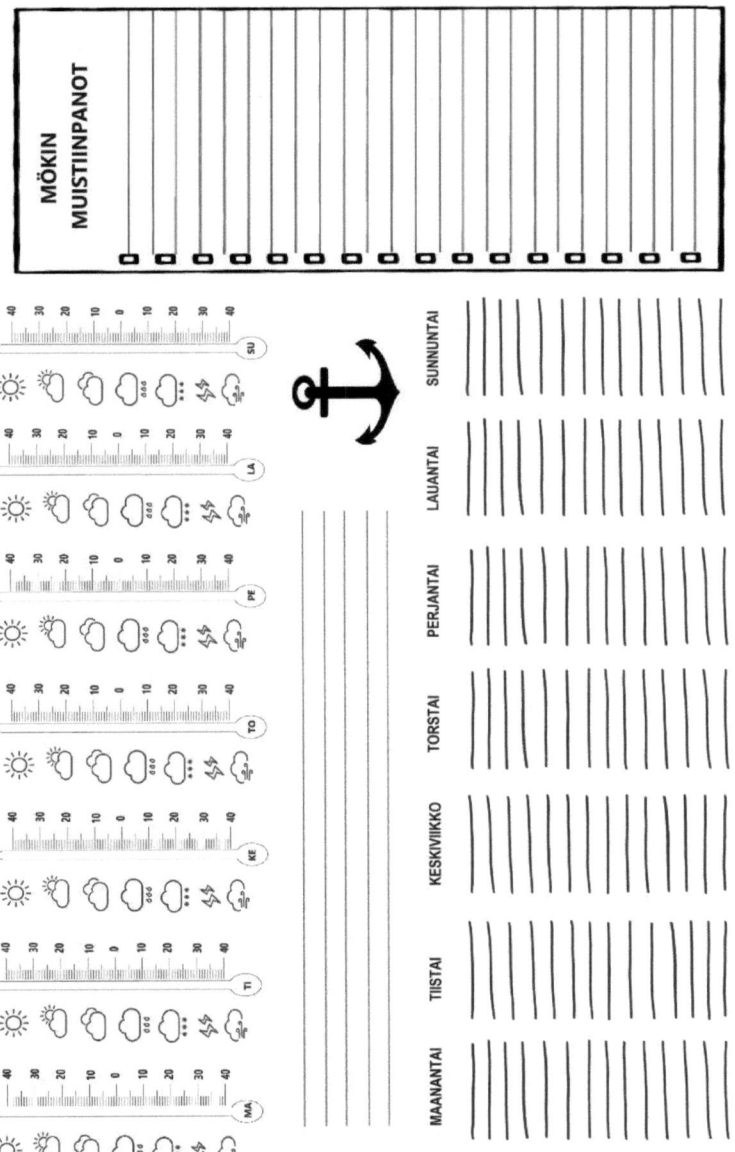

MÖKIN MUISTIINPANOT

SUNNUNTAI

LAUANTAI

PERJANTAI

TORSTAI

KESKIVIIKKO

TIISTAI

MAANANTAI

49

MÖKIN MUISTIINPANOT

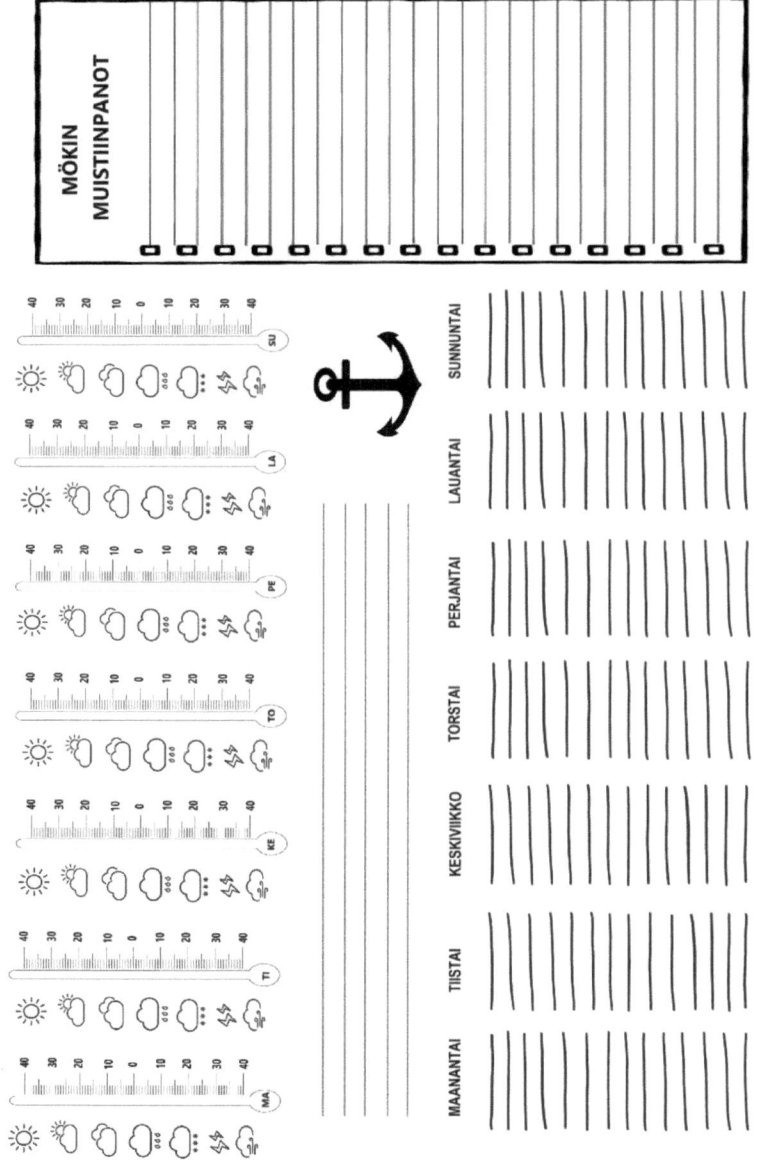

SUNNUNTAI

LAUANTAI

PERJANTAI

TORSTAI

KESKIVIIKKO

TIISTAI

MAANANTAI

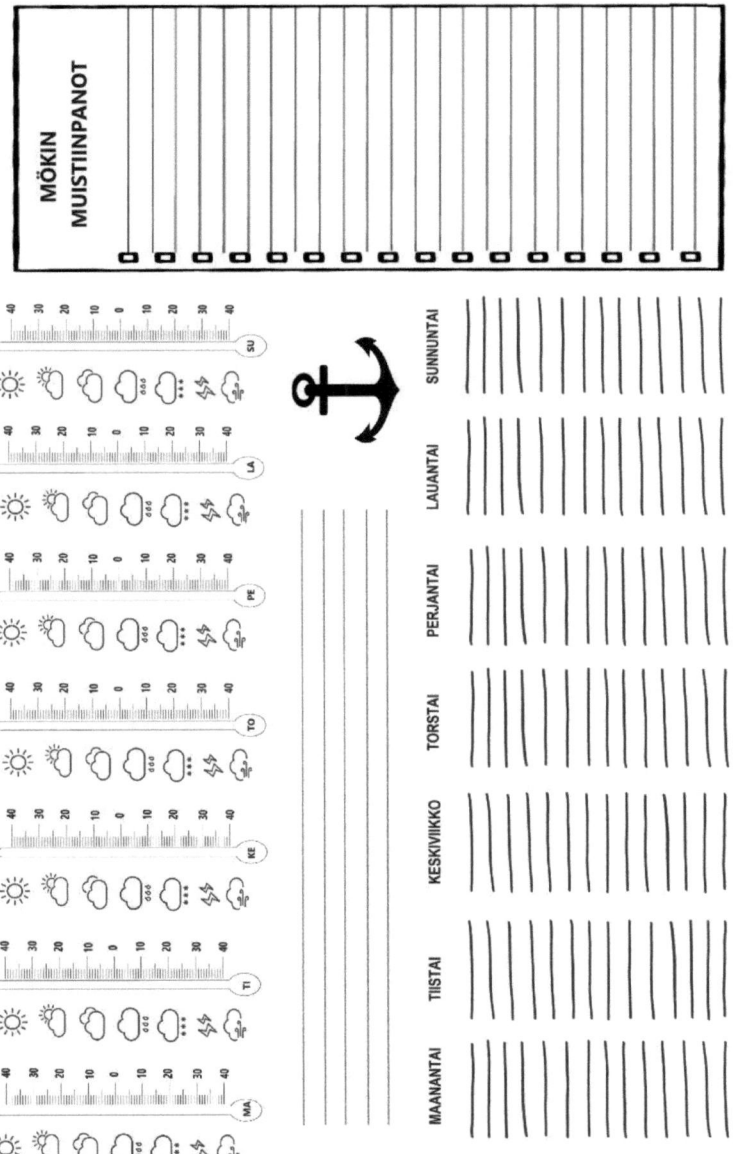

MÖKIN MUISTIINPANOT

SUNNUNTAI

LAUANTAI

PERJANTAI

TORSTAI

KESKIVIIKKO

TIISTAI

MAANANTAI

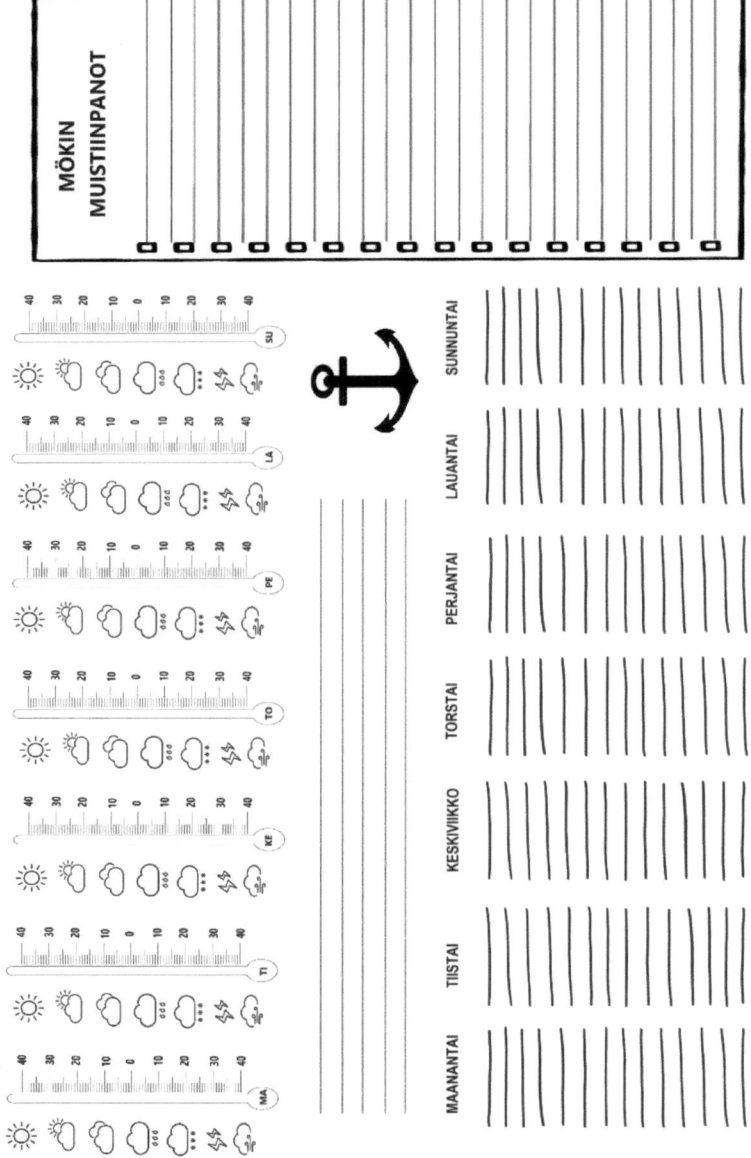

MÖKIN MUISTIINPANOT

SUNNUNTAI

LAUANTAI

PERJANTAI

TORSTAI

KESKIVIIKKO

TIISTAI

MAANANTAI

SU

LA

PE

TO

KE

TI

MA

52

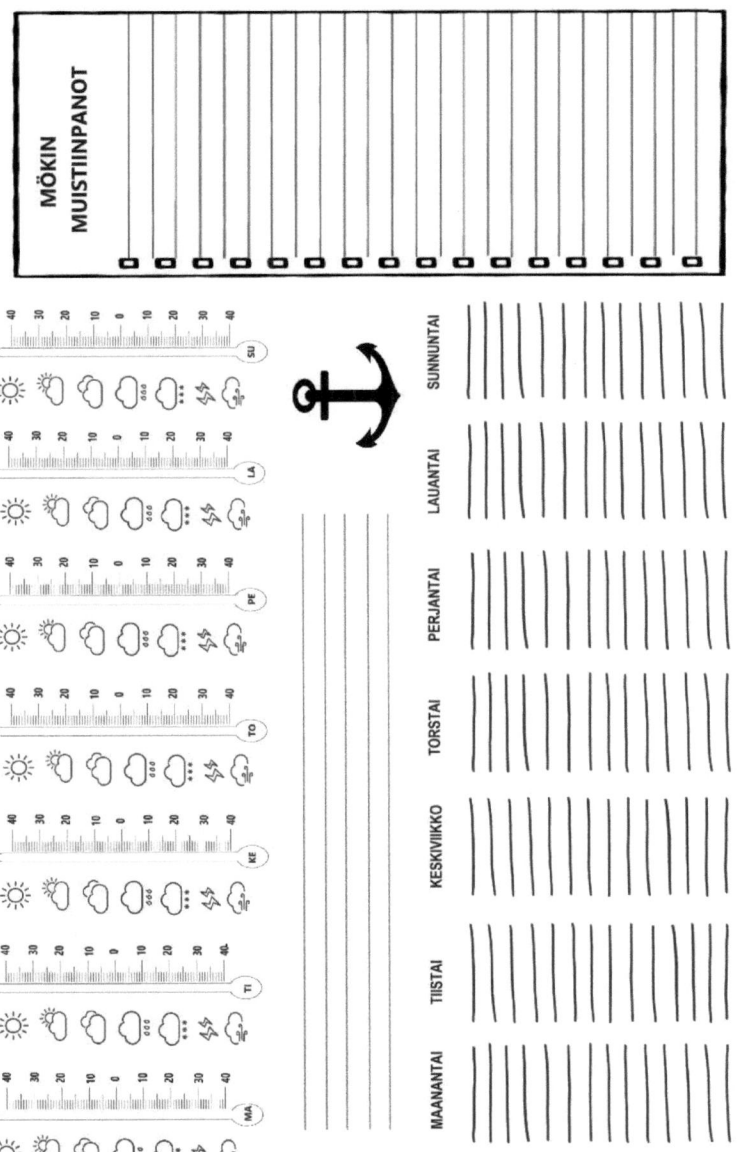

MÖKIN MUISTIINPANOT

SUNNUNTAI

LAUANTAI

PERJANTAI

TORSTAI

KESKIVIIKKO

TIISTAI

MAANANTAI

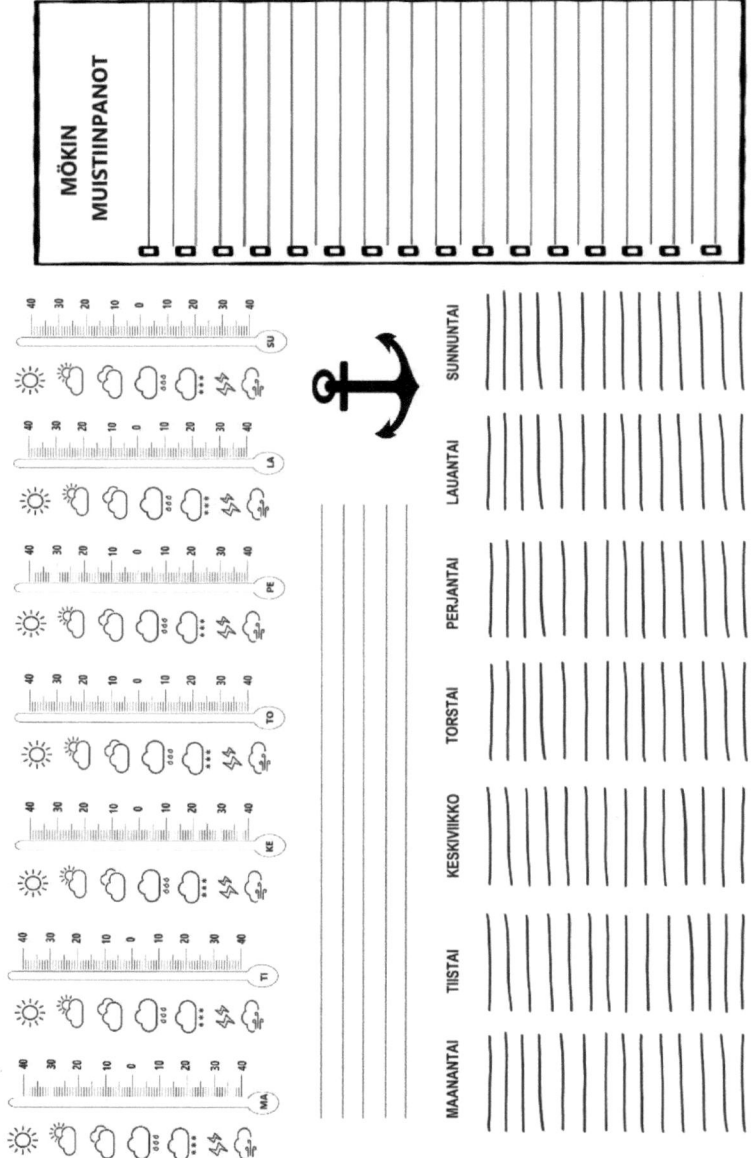

MÖKIN MUISTIINPANOT

SUNNUNTAI

LAUANTAI

PERJANTAI

TORSTAI

KESKIVIIKKO

TIISTAI

MAANANTAI

MÖKIN
MUISTIINPANOT

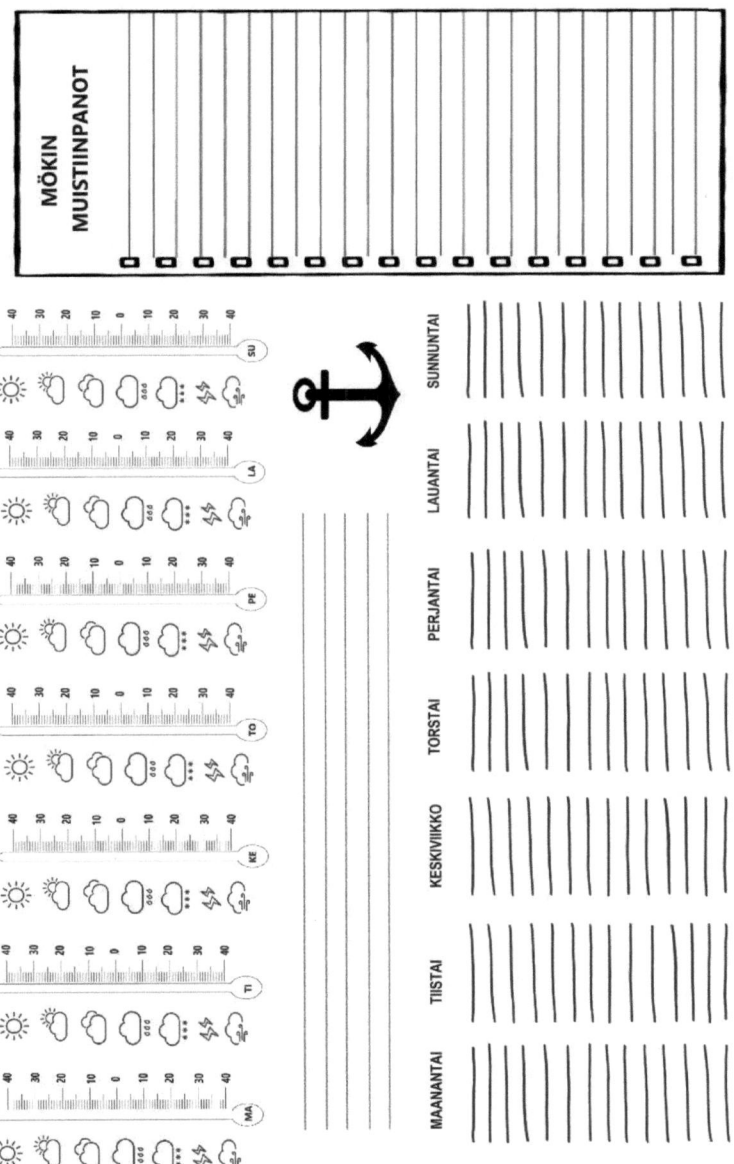

SUNNUNTAI

LAUANTAI

PERJANTAI

TORSTAI

KESKIVIIKKO

TIISTAI

MAANANTAI

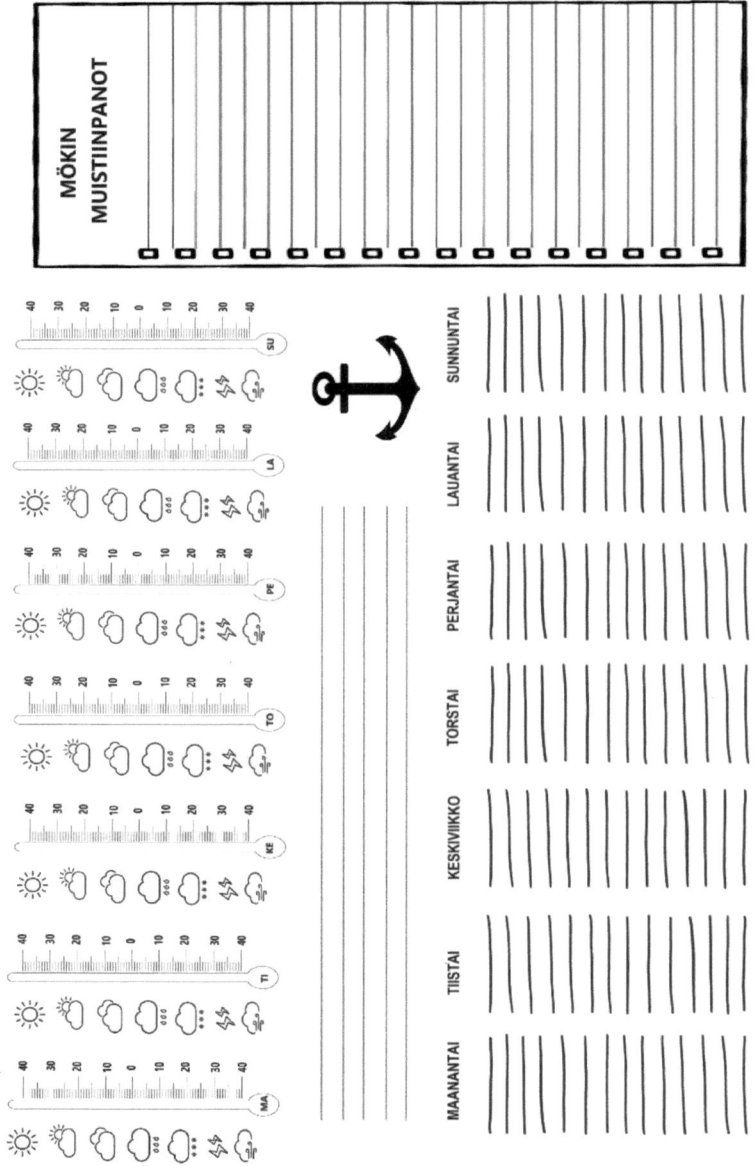

MÖKIN MUISTIINPANOT

SUNNUNTAI

LAUANTAI

PERJANTAI

TORSTAI

KESKIVIIKKO

TIISTAI

MAANANTAI

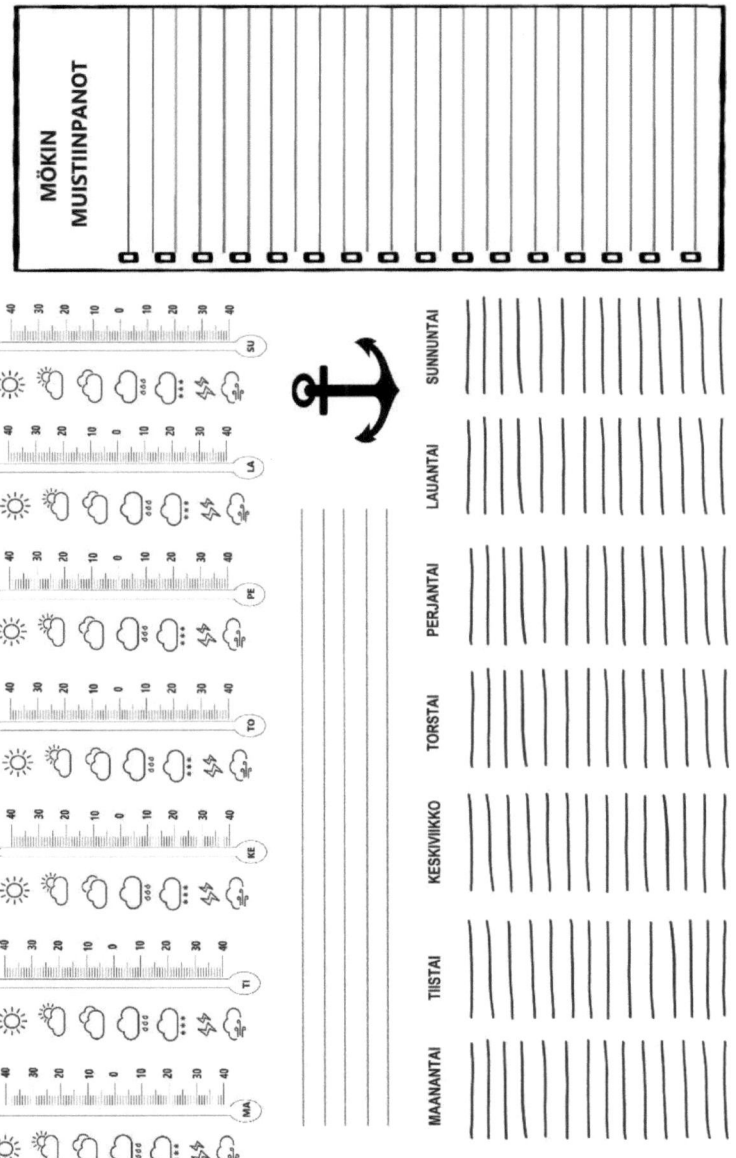

MÖKIN MUISTIINPANOT

SUNNUNTAI

LAUANTAI

PERJANTAI

TORSTAI

KESKIVIIKKO

TIISTAI

MAANANTAI

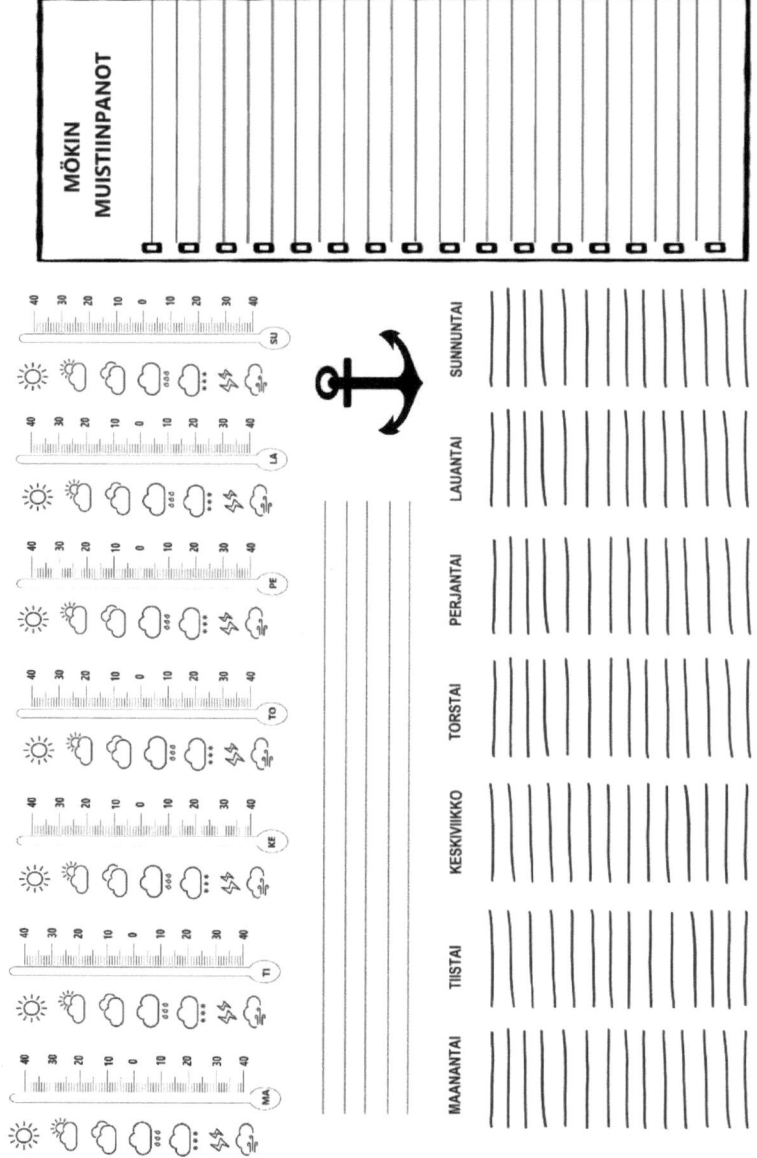

MÖKIN MUISTIINPANOT

SUNNUNTAI

LAUANTAI

PERJANTAI

TORSTAI

KESKIVIIKKO

TIISTAI

MAANANTAI

58

SADEPÄIVÄLLE TEKEMISTÄ

Ohjeet risti/nollapeliin

Kolmesta yksi piste.

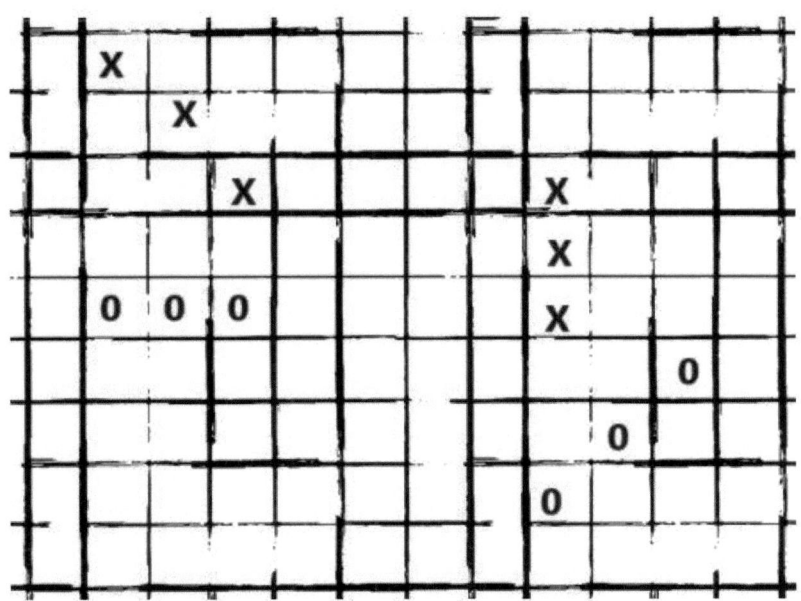

Pelataan ristinollaa

Kierros 1.

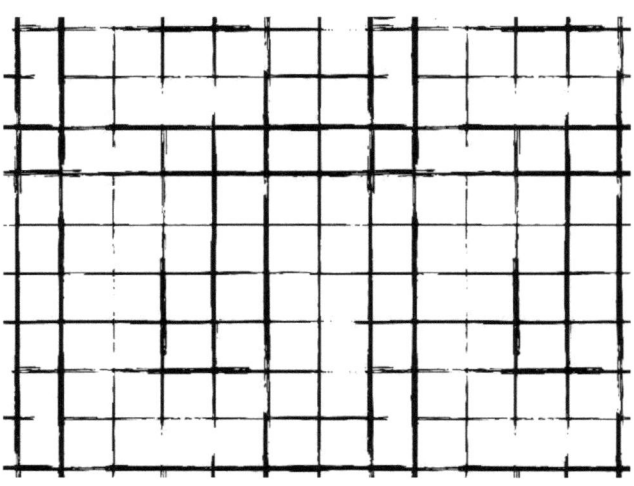

Kierros 2.

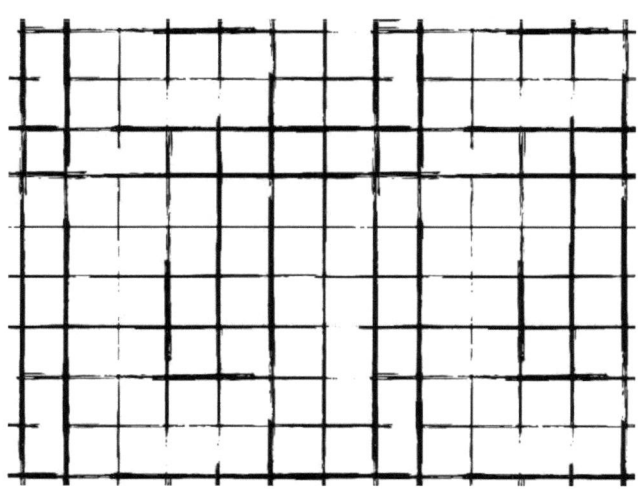

Kierros 3.

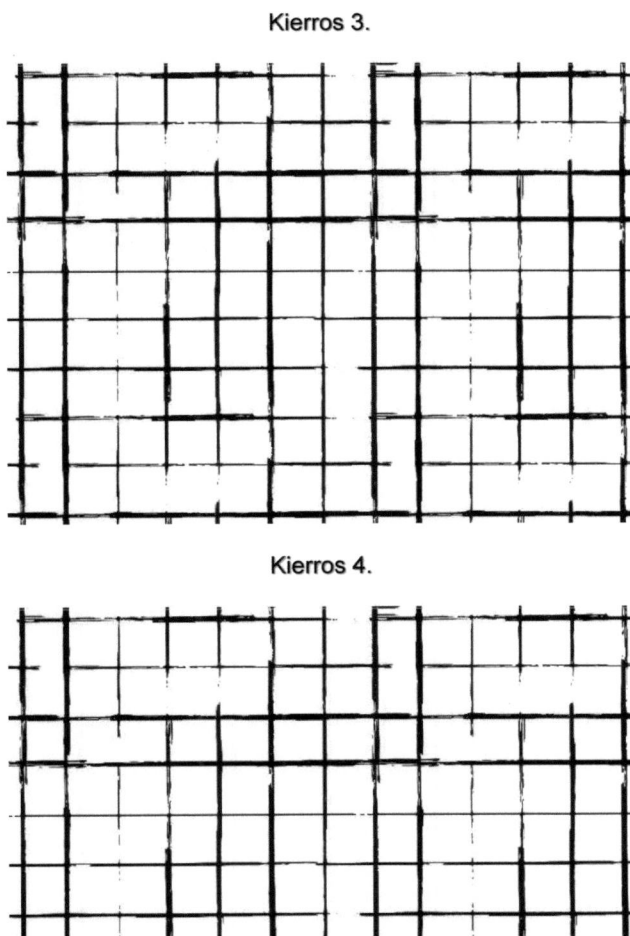

Kierros 4.

Kierros 5.

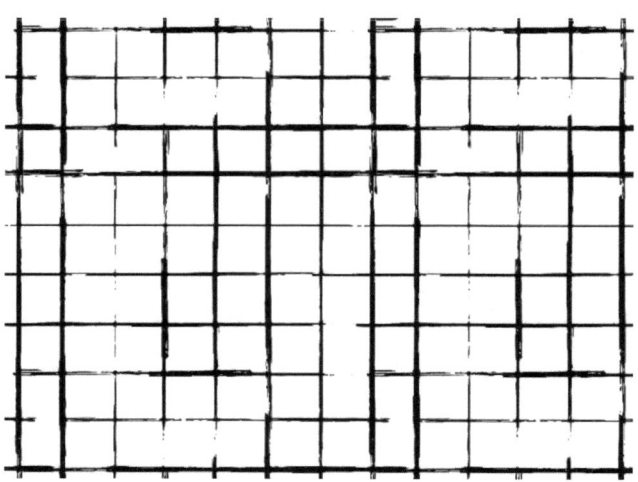

Kierros 6.

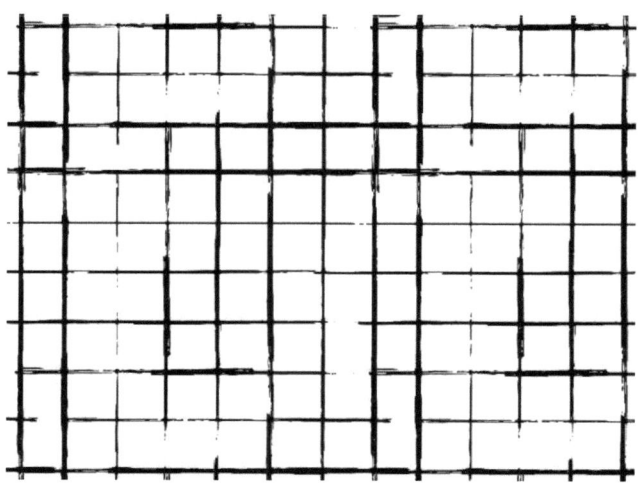

Kierros 1.

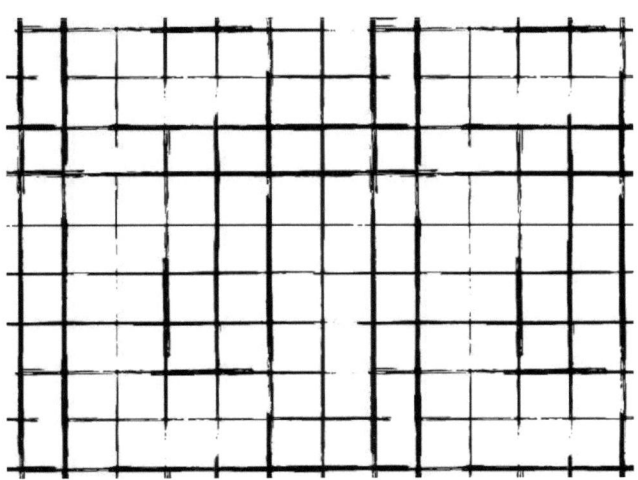

Kierros 2.

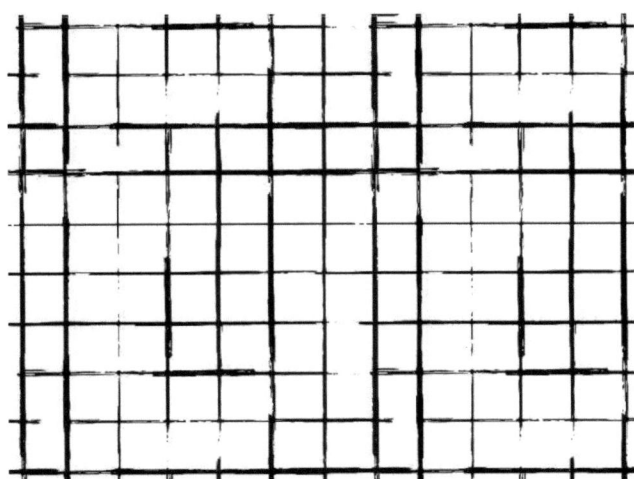

Kierros 3.

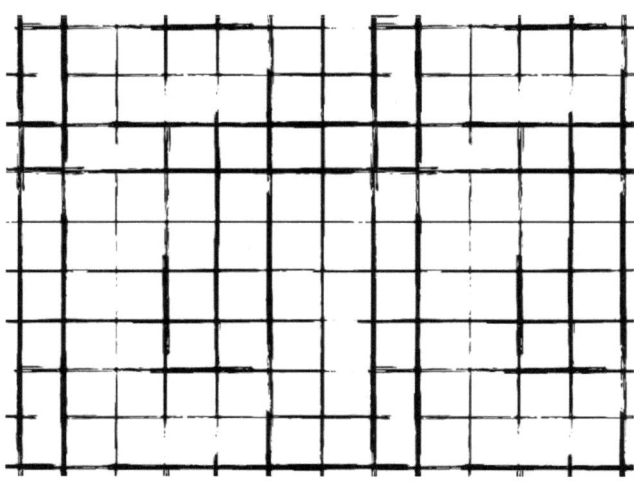

Kierros 4.

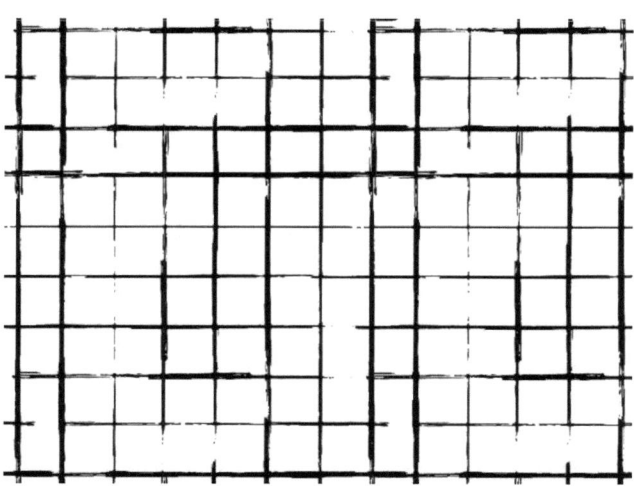

Kierros 5.

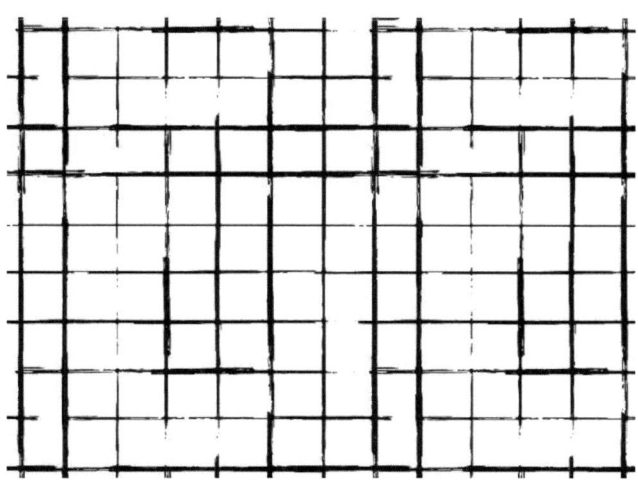

Kierros 6.

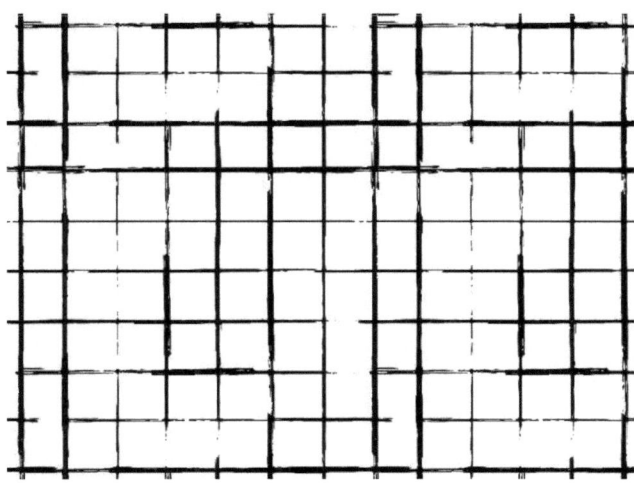

Ohjeet soutuveneenupotus peliin

Soutuveneen upotus on kahden hengen peli, jonka pelaamiseen tarvitaan yhteensä neljä samankokoista ruudukkoa – kaksi kummallekin pelaajalle. Ruudukot voivat olla vapaamuotoisia. Vaakariviin merkitään esimerkiksi kirjaimet A–I aakkosjärjestyksessä ja pystyriviin puolestaan numerot 1–12. Näin jokaiselle yksittäiselle ruudulle syntyy oma, kirjaimesta ja numerosta muodostuva tunnisteensa.

Toinen pelaajan ruudukoista on hänen omien soutuveneidensä varten ja toinen puolestaan vastustajan merkitsemistä varten.

Lopullisena tavoitteena on siis saada vastustajan veneet kuvaavaan taulukkoon näkyviin kaikki tämän veneiden oikeat kohdat arvaamalla. Se pelaajista, joka onnistuu tässä ensin, voittaa pelin.

Ennen kuin itse upotus voi alkaa, on kummankin pelaajan tietysti asetettava omat soutuveneensä peliruudukolleen merkitsemällä ne X kirjaimella. Tästä vaiheesta eteenpäin on tärkeää, ettei kumpikaan pelaaja vilauta omaa ruudukkoaan vastustajalle. Tärkeintä on sekä sijoittelu- että pelivaiheessa pitää taukoamatta mielessä, kumpi ruudukko ajaa kumpaa virkaa.

Pelin aloittaja voidaan arpoa esim. vetämällä pitkää tikkua.

Pelin avaava pelaaja ilmoittaa vastustajalleen sen ruudun koordinaatit, jonka haluaa upottaa ensin. – siis vaikkapa B-6. Vastapuolen pelaaja tarkistaa omasta ruudukostaan, onko hänellä tässä kyseisessä kohdassa vene ja ilmoittaa, upposiko vene. Vastustaja tietenkin merkitsee vastustajan ruudukkoon epäonnistuneen, vaikka 0:lla.

Pelaaja 1 – oma ruudukko

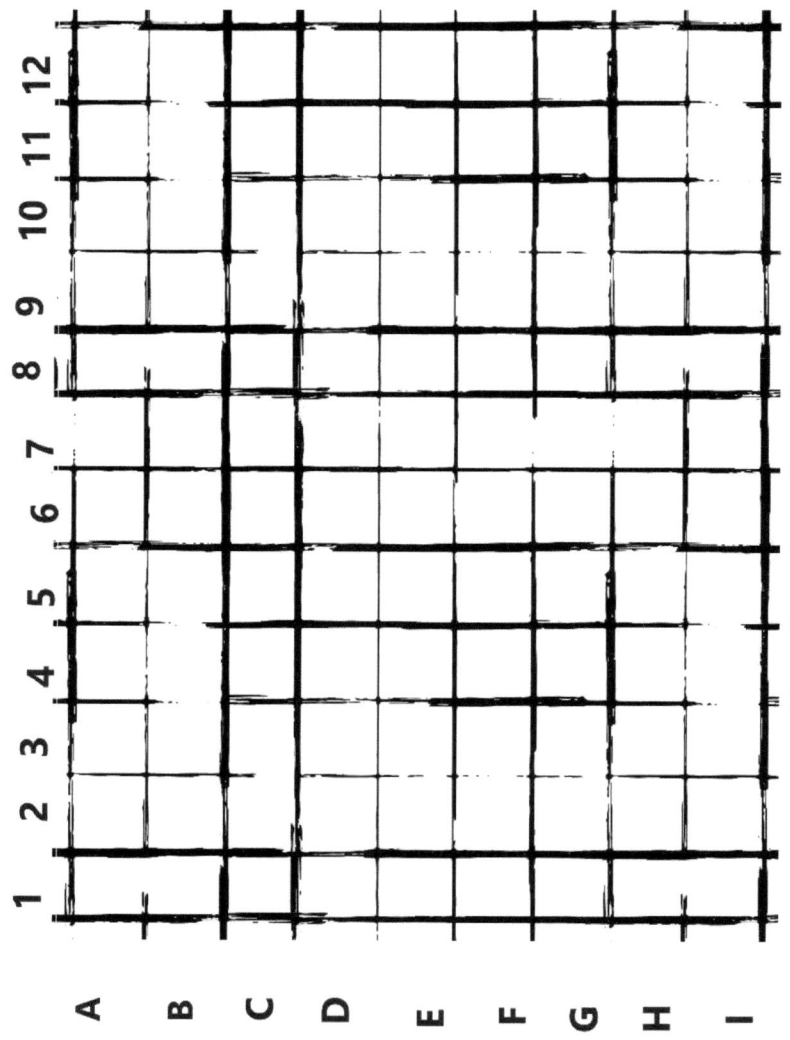

Pelaaja 1 – vastustajan ruudukko

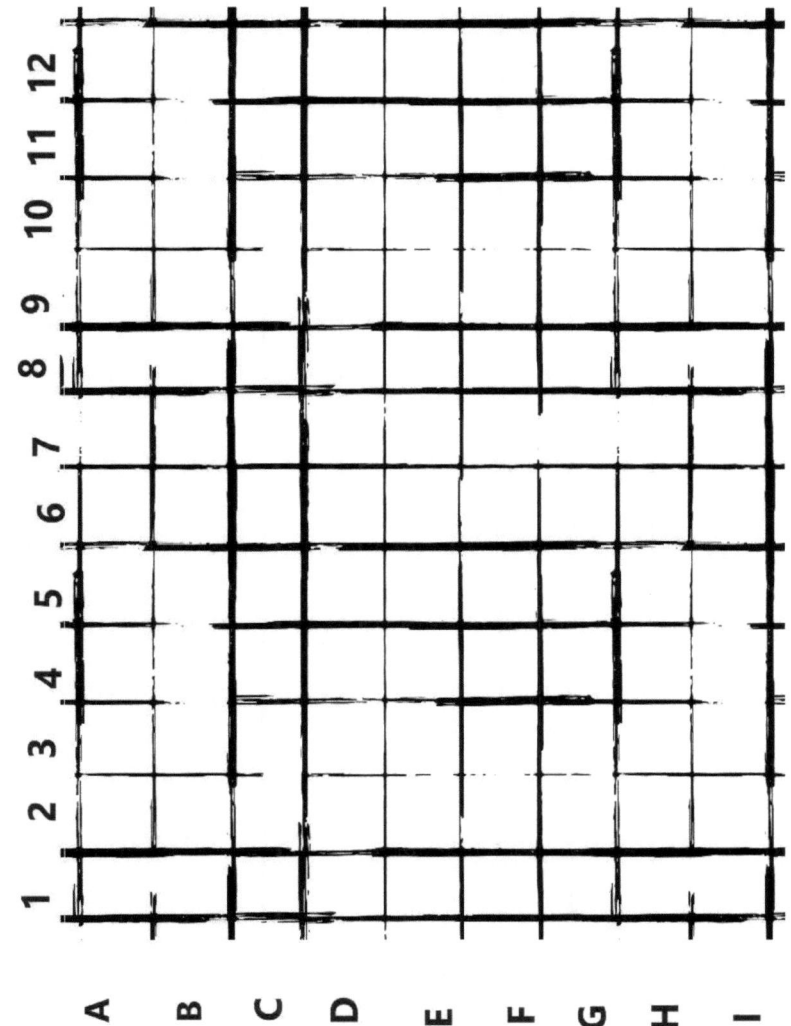

Pelaaja 2 – oma ruudukko

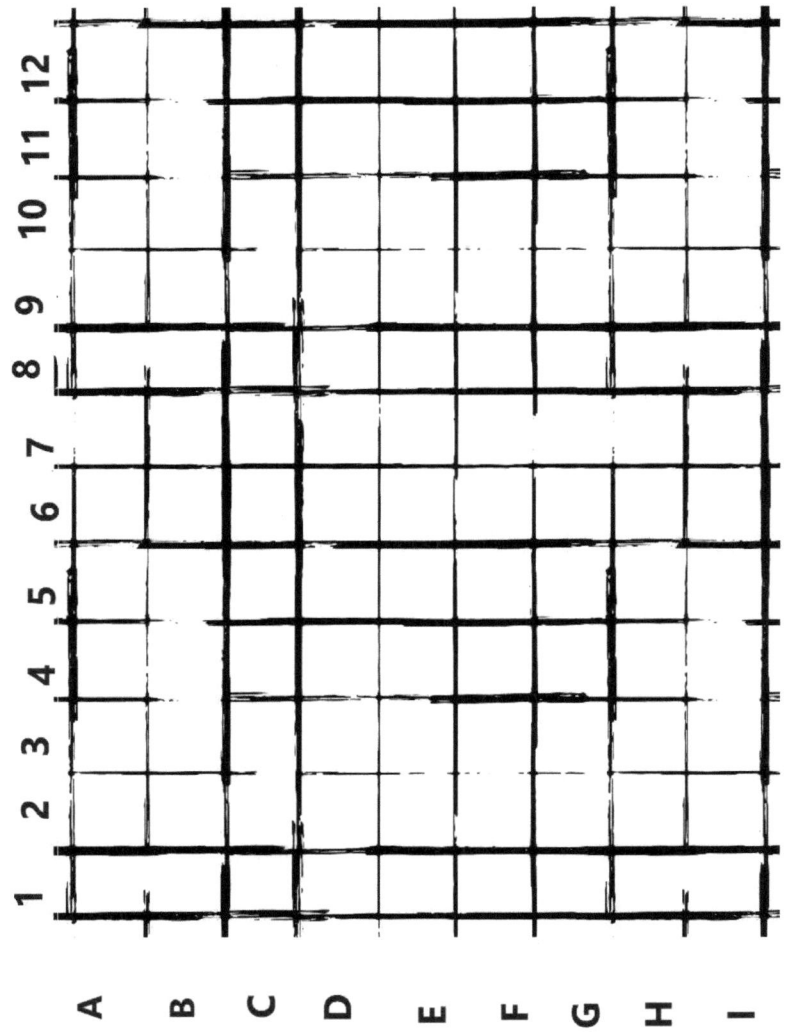

Pelaaja 2 – vastustajan ruudukko

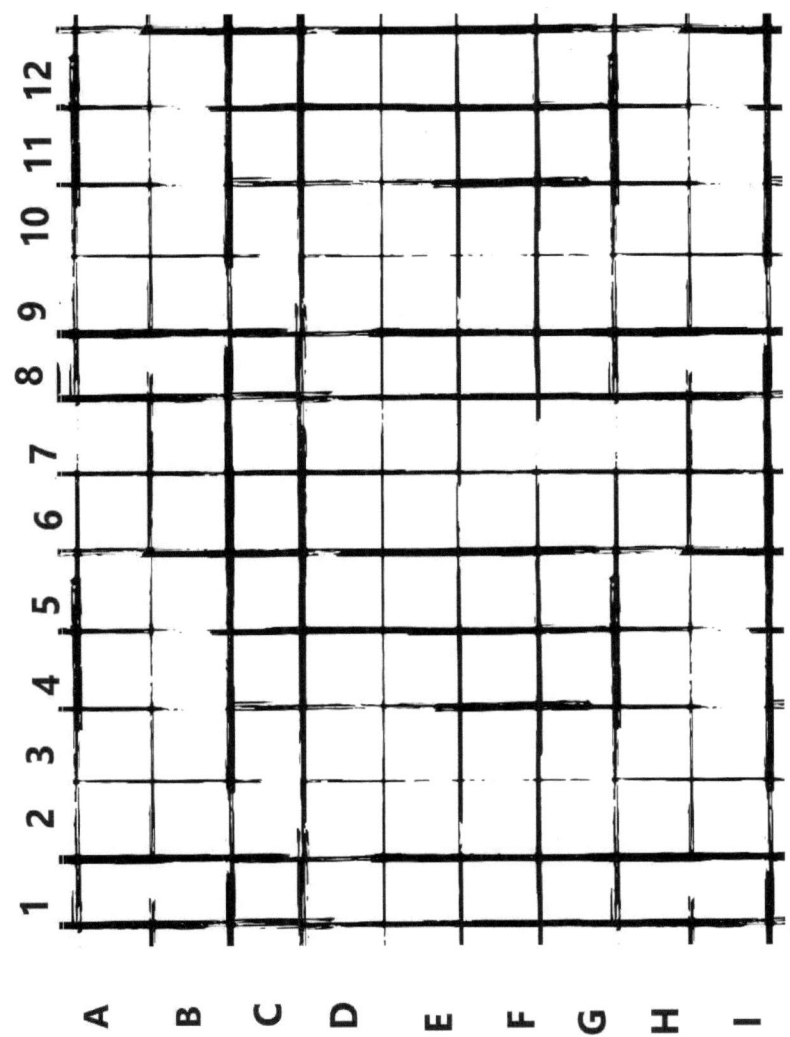

VÄRITYSTEHTÄVÄ 1.

1 - 🔵 3 - 🔵

2 - 🟡 4 - 🟤

VÄRITYSTEHTÄVÄ 2.

KÄYTÄ
PUUVÄREJÄ TAI
VÄRILIITUJA

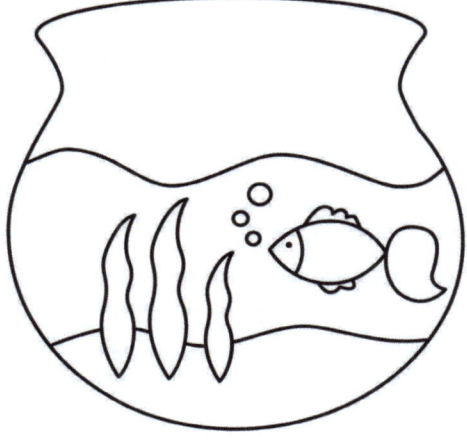

VÄRITYSTEHTÄVÄ 3.

KÄYTÄ PUUVÄREJÄ TAI VÄRILIITUJA

AIVOPÄHKINÄT

Miehellä oli yksi tulitikku.

Hänen piti sytyttää lyhty, kynttilä ja tulipesä.

Minkä hän sytytti ensimmäisenä?

tulitikun

Koira ja mies olivat joen eri puolilla. Kummallakaan puolella ei ollut mitään

millä pääsisi joen yli. Kummallakin puolella oli kyltti, jossa luki:" Ei saa uida".

Miten koira ja mies pääsivät toistensa luo?

koira ui joen yli, koska ei osannut lukea

Kumpi on painavampi, 100 kg höyheniä vai rautaa?

molemmat ovat samanpainoisia eli 100 kg

Mies oli matkalla kaupunkiin ja häntä vastaan tuli kärry, jota veti kaksi he-

vosta ja ohjasi kaksi miestä. Lavalla oli seitsemän naista, joilla jokaisella oli

kori. Jokaisessa korissa oli kissa, ja jokaisella kissalla oli 3 pentua. Kärryjä seurasi toinen kärry, jota veti yksi hevonen ja ohjasi yksi mies. Kärryn lavalla

oli 13 possua. Kuinka monta elävää olentoa oli matkalla kaupunkiin?

yksi koska mies oli matkalla kaupunkiin ja häntä vas-
taan tulevat kärryt olivat poistumassa kaupungista.

Viisi kilpa-autoa osallistui ralliin. Violetti sijoittui kolmanneksi. Keltainen voitti

violetin auton. Punainen ei tullut viimeiseksi, mutta hävisi keltaiselle. Vihreä

auto ei voittanut. Sininen voitti keltaisen auton.

Miten autot sijoittuivat?

1 sininen, 2 keltainen, 3 violetti, 4 punainen, 5 vihreä

Olipa kerran kokonaan pinkki yksikerroksinen talo.

Minkä värinen oli ovi?

Minkä värinen oli matto?

Minkä värinen oli ikkuna?

Minkä värinen oli sänky?

Minkä väriset olivat portaat?

pinkki, pinkki, pinkki, pinkki. Talossa ei voi olla pinkkejä portaita
koska se on yksikerroksinen

Olipa kerran perhe. Perheessä oli 10 lasta. Sateenvarjoja oli kuitenkin vain

yhdeksän. Minkään sateenvarjon alle ei mahtunut kahta lasta. Miksi yksi

lapsi ei kastunut?

ei satanut

Lemmikkikaupassa oli myynnissä papukaija, jonka häkkiin oli kiinnitetty

lappu: "Papukaija toistaa kaiken kuulemansa". Mies osti papukaijan ja puhui

sille kaksi viikkoa, mutta papukaija ei sanonut sanakaan. Mies valitti papu-

kaijasta lemmikkikaupan myyjälle, mutta kauppias sanoi, ettei ole valehdellut

mitään.

Kuinka tämä on mahdollista?

papukaija oli kuuro

OSAATKO RATKAISTA?

🐺 + 🐺 + 🐺 = 45

🐺 + 🫎 + 🫎 = 23

🫎 + 🐻 + 🐻 = 36

🐻 + 🫎 + 🐺 = ?

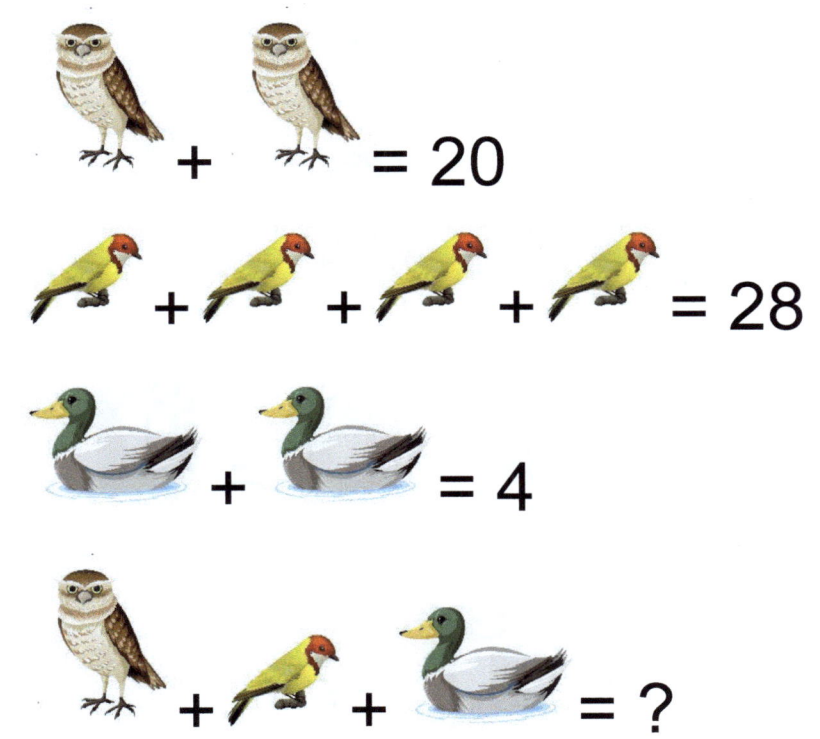

🏠 + 🏠 = 🏘

🏠 × 🏡 = 🏘

🏡 + 🏡 + 🏡 = 🏘

🏠 = ?   🏡 = ?

🏘 = ?

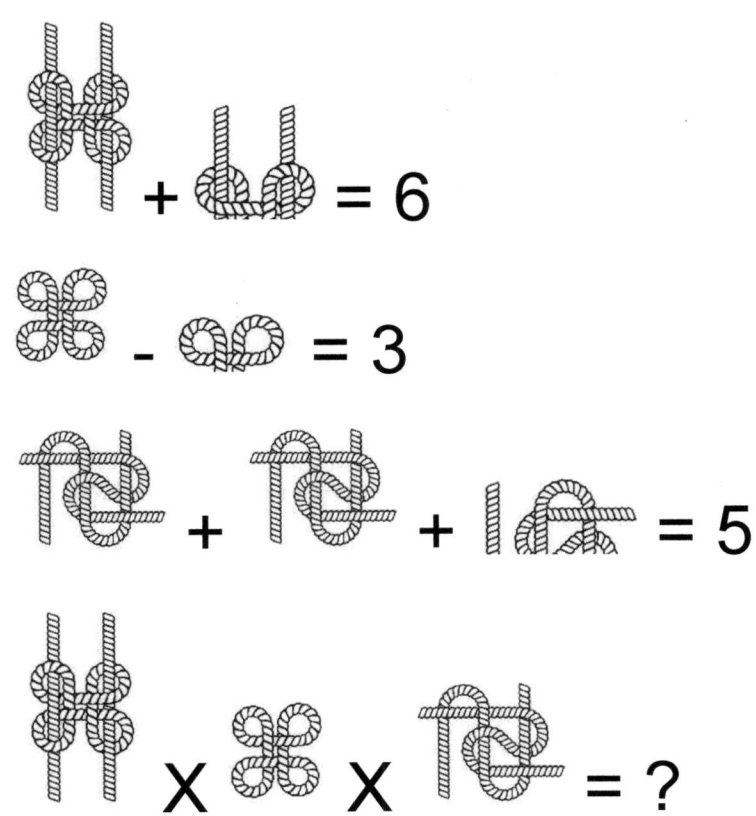

$$+ = 6$$

$$- = 3$$

$$+ + = 5$$

$$\times \times = ?$$

ILTASATU

Eräänä kauniina iltana, kun auringon viimeiset säteet maalasivat taivaan oranssiksi, äitisorsa kutsui sorsanpoikasensa Siirin luokseen. "On aika mennä nukkumaan, rakas Siiri", hän sanoi lempeästi.

Siiri kuitenkin katseli uteliaana kotijärvensä mökissä asuvaa perhettä, joka valmisteli yhteistä illallistaan. "Äiti, en halua vielä nukkua. Voinko jäädä vielä hetkeksi tähän katsomaan?", hän kysyi innokkaana.

Äitisorsa hymyili ja istahti Siirin viereen. Hän kertoi Siirille tarinan perheestä, joka asui mökissä ja rakasti toisiaan koko sydämestään. Siiri kuunteli ihastuneena. Kun tarina oli lopussa, äitisorsa silitti hellästi Siirin höyhenpeitettä ja lauloi hänelle unilaulua. Siiri sulki uteliaat silmänsä ja painoi päänsä äitinsä lämpimään kylkeen. Pikkuinen sorsanpoikanen nukahti pian onnellisena ja rauhallisena, nähden kauniin unen rakkaudesta ja perheestä, joka vietti mökissä lomaansa.

Aamun tullessa, Siiri heräsi virkeänä ja oli valmiina uuteen seikkailuun pienen sorsanpoikasen elämässään.

KOKO PERHEEN NOVELLI

VARIKSENPOIKA HUUKO

(1967–1970) "Elämäni eläimet" – novellisarjasta, Seija Irmeli Kaisto

Huuko variksenpoika eli pihallamme ja naapurustossamme aikuisuuteen saakka, jonka jälkeen Hugo kesyydestään huolimatta, löysi itselleen rouvan ja oman parven. Vielä vuosien ajan se raakkui aamutervehdyksiä pihakuusessamme mutta ei enää antautunut ihmisen kosketukseen. Tässä Huukon tarina.

PUDONNUT PESÄ

Kesällä 1967 riistanvalvoja Rannan pojat tulivat hakemaan minua ja veljeäni ulos, heillä oli jotakin selvästi tärkeää asiaa. Tero, Teijo, Tapio olivat hyviä ystäviämme ja he halusivat apua vammautuneen variksen poikasen hoitoon. Syvässä metsässä oli maahan pudonnut linnunpesä. Kumarruin alas ja kepeistä, risuista valmistautuneessa pesässä kyhjötteli jotakin surkeaa ja märkää mustaa. Pojat olivat seuranneet pesää koko päivän ja emoa ei ollut

83

näkynyt. Muita poikasiakaan ei näkynyt, oli selvää, ettei tästä enää kukaan huolehtinut eikä tämä vielä itse pystyisi huolehtimaan itsestään. Rannan pojat olivat jo käyneet kysymässä isältään lupaa ottaa varis heille, lupaa ei ollut saatu koska siihen aikaan varista pidettiin tuhoeläimenä, sitä sai vapaasti metsästää. Valvojalla oli pihapiirissään erittäin harvinainen tunturikyyhky eikä hän halunnut varista tontilleen.

Poikasen toinen jalka oli aivan vääntynyt ja se ei pystynyt edes kävelemään. Se ei juurikaan reagoinut mihinkään, ei osoittanut pelkoa – silmät kiinni vain tärisi ja värjötteli kesäsateessa. Nostin variksen hupparini sisälle ja päätimme mennä meille kotiin kysymään neuvoa isältäni Taistolta.

Variksenpoika oli pörröinen, sulat olivat vielä osittain valkean kovan putkien peitossa ja kävely oli mahdotonta, se pyllähti kyljelleen vammaisen jalkansa takia. "Ei tästä kyllä ole eläjäksi, jalka murtunut ja sitten uudestaan luutunut", totesi isäni. Hän antoi luvan variksen jäämisestä meille hoitoon mutta ehtona oli, että varis käytetään eläinlääkäri Mannisella, joka voi arvioida variksen kunnon. Näin tehtiin. Otimme variksen syliin ja isäni ajoi meidät autollaan eläinlääkärille, varis matkasi sylissäni. Saimme neuvot ruokinnasta ja jalan kuntouttamisesta. Manninen vielä tähdensi, että variksenpoika kesyyntyy hyvin mutta sen ruokinta kannattaa lopettaa heti kesän jälkeen, että se lähtisi itse luontoon. Hän myös vahvisti isäni mietteet sen jalasta. Lintu oli hänen mukaansa vammautunut pesän pudotessa maahan ja se oli selvinnyt vain sateen

84

ansioista, saaden vettä juodakseen. Eläinlääkäri kokeili jalkaa ja sanoi sen luutuneen kuntoon, vaikka olikin vino. "Se oppii käyttämään tätä jalkaansa mutta luonnossa tämä ei olisi selviytynyt." Hän kertoi variksen olevan poika.

Pojat rakensivat sille laudoista ison kopin, jossa se voisi toipua ja yöpyä. Isäni laittoi koppiin heiniä ja kehotti meitä tuomaan kuumavesipulloja lämmittämään sitä ja kaivaa matoja ruoaksi, jotka linnulle kelpasivat. Äitini toi jauhelihaa, joka kelpasi vielä paremmin. Hetken kuluttua sen kupu oli täynnä ruokaa, sillä oli lämmin ja istuimme sen kopin vierellä kuin varis nukkui. Päätimme nimetä variksen Huukoksi.

Äitini ompeli sideharsosta haavin ja isäni punoi rautalangasta siihen kehyksen ja varren. Sillä pyydystimme lihavia paarmoja ja kärpäsiä Huukolle ravinnoksi. Perhoset ja mehiläiset oli käsketty jättämään rauhaan.

HUUKO PÄÄSI VAPAUTEEN

Muutaman päivän jälkeen varis oli jo kesyyntynyt ja meni itse yöksi nukkumaan koppiinsa, muutoin se pyllähteli pihallamme koska toinen jalkansa ei vieläkään toiminut eikä se osannut lentää. Pojat olivat jo unohtaneet mielenkiintonsa Huukoon, joten hoidin sitä isäni ohjeilla.

Muistan kuinka hauskan näköistä olo nähdä linnun juovan. Silmät vain välähtivät ja nokka kohti taivasta Huuko nieli tarjotun veden. Pian se oppi juomaan itse piha-altaastamme vettä.

Älykäs variksenpoika oppi mistä se saa helpoiten ruoan ja alkoi kutsua minua, kunnes ruokahalu oli sillä kertaa tyydytetty. Se olikin kuuluva kutsu, KRAAKRAA kaikui ympäri pihan ja se loppui vasta kun menin antamaan ruokaa (tai seuraa) Huukolle. Vähitellen se oppi itsekin etsimään ruokaa.

Huuko pysytteli hyvin pihallamme, varmaankin koska se ei vielä osannut lentää ja kävelykin oli heikkoa. Tähän piti saada muutos ja sen tulisi oppia myöhemmin itsenäiseen elämään. Isäni oli kieltänyt suuremmin hellittelemästä Huukoa. Toki salaa sitä hellittelin koska olin kovin kiintynyt siihen. Huuko piti hellyydestä, eihän sillä ollut omaa emää eikä sisaruksia. Se istui mielellään sylissäni, kaivautui puseroni sisälle ja nukahti. Puuhissani se pysytteli mielellään mukanani. Ikinä se ei nokkinut minua tai ollut ilkeä. Painoin poskeni sen päätä vasten ja se vastasi aina hellyydellä ja rakkaudella pienen tytön tarjoamaan turvaan.

Toki kiukuttelin iltaisin koska en saanut ottaa Huukoa sisälle nukkumaan. Vanhempani vetosivat eläinlääkärin ohjeisiin ja siihen oli pakko tyytyä. Totta kai halusin Huukon pysyvän villinä ja että se saisi normaalin variksen elämän. Salaa hiivin öisin ulos vilkaisemaan Huukoa.

86

HUUKO OPPI OLEMAAN VARIS

Hassu vammainen variksenpoika, muutaman askeleen jälkeen se kellahti kyljelleen koska ei ollut vielä oppinut hallitsemaan toista jalkaansa. Kipeä tuo jalka ei tuntunut olevan, oli vain luutunut väärään asentoon. Lentäminen ei onnistunut lainkaan, Huuko ei edes yrittänyt käyttää siipiään. Jälleen kyseltiin Manniselta ohjeita. "Kyllä se osaa lentää, sen ei vaan tarvitse lentää. Otat variksenpojan syliin ja heität sen ilmaan, aluksi matalalta".

Näin tein ja siivet löytyivät nopeasti. Aluksi se vain jarrutti maahan tuloa mutta myöhemmin Huuko lennähti muutamia metrejä. Harjoitin sitä useita kertoja päivässä aina ruokinnan yhteydessä. Huuko antautui syliin nostettavaksi helpoimmin nälkäisenä ja kun harjoitukset oli tehty, se sai ruokaa tai menimme kaivamaan sille matoja. Isäni ihmetteli variksen nopeaa kuntoutumista ja oli aina työpäivänsä jälkeen innokas katsomaan sen edistymistä.

Aloitin opettamaan Huukolle puun oksalla istumista. Valitsin omenapuun, jossa oli tukeva oksa. Asetin Huukon oksalle erityisellä tavalla niin että myös vammautunut jalka sai tukea. Nyt onnistui oksalla istuminen ja Huuko oppi ensimmäistä kertaa hyödyntämään molempia jalkojaan. Myös kävely (hyppely) alkoi onnistua. Huuko itse huomasi lentämisen olevan hyppelyä helpompaa ja päivien kuluttua se lensi jo kymmeniä metrejä, mutta edelleen matalalla.

Isäni jälleen tuli auttamaan. Huuko salli isäni ottaa itsensä syliin ja tuntui ihan nauttivan näistä harjoituksista. Isäni heitti sen niin ylös kuin mahdollista, Huuko teki pitkän kaarroksen ja lensi korkealla, kunnes laskeutui isäni jalkoihin ja raakkuen pyysi uutta heittoa.

Hyvin pian Huuko lennähteli oksalta oksalle, kävi kaarroksen tontin ympäri, ja sen lempipaikka nukkua oli se omenapuun oksa missä oli oppinut istumaan. Eräänä aamuna Huuko istui korkean pihakuusen latvassa raakkuen ja mennessäni pihalle se lensi vastaan aivan kuin olisi halunnut esitellä taitojaan. Ruokaa se ei enää ottanut eikä edes huolinut. Huuko löysi itse ruokansa luonnosta. Siitä oli tullut villi varis.

HUUKO VIERAILEE JA KUKRUU HUKASSA

Huuko oli alkanut myös käydä naapureissa raakkumassa. "Teidän variksenne on taas täällä, voiko sille antaa jotakin", tuli kyselyjä. Isäni kertoi: "Ajakaa se vain pois, ettei se kesyynny liikaa ja oppii välttämään ihmisiä."

Riistanvalvoja Rannan tontilla oli asunut vuosia tunturikyyhky, josta Huuko ei lainkaan pitänyt. Turturikyyhky oli nimetty "Kukruuksi". Se tuli ajoittain meidän verannallemme laulamaan mutta sai kyllä nopean häädön Huukolta, joka piti omaa villiä reviiriään tontillamme. Eräänä kertana riistanvalvoja tuli kertomaan Kukruun hävinneen ja olleen poissa jo monta päivää. Siitä hän syytti Huukoa. "Teidän variksenne on tappanut Kukruun". Onneksi se palasi parin päivän kuluttua ja nämä kaksi erilajista lintua eivät koskaan oikeasti vahingoittaneet toisiaan.

Muutaman kerran seurasin niiden kohtaamisia. Kukruu yritti tulla pihakuuseemme, joka oli ollut pitkään Huukon turvapaikka. Huuko antoi Kukruun olla kuusen alaoksilla mutta mikäli se yritti ylemmäs, varis teki vain valehyökkäyksiä ja kyyhky lähti omalle reviirilleen.

HUUKO JA VIERAAT

Meillä kävi paljon lapsia ja naapureita ihmettelemässä Huukoa. Mielenkiin-toista oli se, että Huuko tunnisti kaikki lähiasukkaat, erityisesti lapset. Se tuli lähelle raakkumaan mutta ei antanut enää muiden kuin minun tai isäni koskea itseensä. Tuntui että se leikki hippaa, päästäen muut lähelle mutta viime het-kessä lehahtaen lentoon, tehden näyttävän kierroksen ja palaten takaisin. Uh-kaava se ei ollut koskaan ja erityisesti Huuko piti kaikista lapsista.

Ajoittain itseäni harmitti, kun olimme lähdössä pyöräilemään kaverini kanssa. Huuko lensi ylläni eikä halunnut päästää minua minnekään. Jouduin useita kertoja häätämään sen pois pyöräni tangolta, jotta pääsin jatkamaan matkaa. Huuko oli erittäin ihastunut pyöräni ohjaustankoon, ilmeisesti koska se oli kiiltävä. Joskus annoin Huukon ajaa pyöräni tangolla, ajoimme uimaan läheiselle joelle. Se istui tangolla raakkuen koko matkan ajan ja lenteli ylläni uidessani. Uimaan se ei halunnut, vaikka yritin sitä houkutella. Myöhemmin sain todisteen, että varis todellakin rakastaa kiiltäviä esineitä.

Huuko oli mitä paras vartija tontillamme. Jostakin syystä oli muutamia ih-misiä, joista se ei pitänyt ja sen se kyllä näytti. Sinä kesänä setäni Urpo tuli käymään, ensimmäistä kertaa Huukon tulon jälkeen. Isäni, minä ja Urpo setä istuimme pihalla puutarhassa jutellen. Yhtäkkiä siivet viuhuen Huuko lensi aivan Urpo sedän pään päältä todella läheltä ja setäni joutui väistämään Huukoa. Hetken kuluttua Huuko lensi uudelleen ja nokkaisi setäni lippalakkia kaameasti rääkäisten. Setäni ei saanut hetken rauhaa, joten isäni ja setäni menivät sisälle. Saman tein Huuko rauhoittui ja asettui lähelleni seuraamaan tilannetta. Setäni kotiin lähtiessä hän hädin tuskin pääsi autoonsa Huukon uhkailulentojen alta ja vielä autolla pois ajaessaan Huuko seurasi autoa, kunnes se häipyi tontilta pois. Urpo setä ei tullut sinä kesänä enää uudelleen.

Emme ikinä ymmärtäneet miksi Huuko käyttäytyi näin muutamia ihmisiä kohtaan. Urpo setä oli erittäin eläinystävällinen ihminen mutta Huuko oli päättänyt olla hänestä pitämättä. Isäni mietti Huukon puolustavan minua.

HUUKO JA ÄITINI PERINTÖLUSIKKA

Äidilläni oli tarkoin varjellut kauniit hopeiset kahvilusikat, ei alpakkaa kuten silloin oli yleensä käytössä. Nämä lusikat olivat käytössä vain muutamin kertoja vuodessa, kuten juhannuksena. Muutoin niitä säilytettiin omassa rasiassaan kaapissa.

Juhannus tuli ja meillä oli sukua kylässä. Nautimme avoimella terassillamme kahvit ja mansikkakakkua. Kauneimmat posliinikupit olivat esillä ja

91

nämä perintö "Ruusu" nimiset hopeiset lusikat käytössä. Huuko oli kesteissä mukana ja sai tuoreita mansikoita. Ihan pöytään se ei päässyt eikä tullut koska pöydässä oli sille "tuttuja vieraita", tuttuja niin ettei Huuko kokenut heitä uhkaksi ja vieraita siten että Huuko ei halunnut heitä lähestyä.

Aikuiset siirtyivät sisälle, minä ja serkkuni leikimme puutarhassa Huukon kanssa. Äitini ryhtyi korjaamaan tarjoiluja pois ja havaitsi lusikan puuttuvan. Ensimmäisenä meidät lapset tentattiin: "Näitä lusikoita ei ole tarkoitettu lasten leikkeihin". Olimme ihmeissämme, ei olisi tullut mieleenkään käyttää näitä tarkoin varjeltuja lusikoita leikeissä ja vakuuttelimme syyttömyyttämme. Lusikkaa ei löytynyt, vaikka kuinka etsimme ja äitini oli todella pahoin mielin.

Kului muutama päivä. Huuko raakkui entistä enemmän. Ihmettelin asiaa koska se ei yleensä enää raakkunut turhaan. Se lenteli omenapuusta kuuseen ja kuusesta omenapuuhun. Jotakin kiiltävää sillä oli nokassaan. Huuko ei tullut luokseni, vaikka kutsuin sitä. Tarjosin herkkuja, silti se ei tullut luokse. "Huuko, oletko ollut paha poika", kysyin toruvasti. Omenapuun rakoon oli tungettu hopeinen lusikka. Se oli vahingoittumaton ja täysin kunnossa. Vaihdoin lusikan tinapaperiin, joka sopi Huukolle hyvin. Äidilleni kerroin löytäneeni lusikan verannan vieressä olevasta kukkapenkistä. En halunnut vaikeuksia Huukolle. Niin vahva oli suhteeni tähän variksenpoikaan. Opin jo lapsena olemaan valehtelematta, mutta tämän kerran kiintymykseni Huukoon voitti. Lusikat olivat

äidilleni niin tärkeitä ja monen sukupolven perintö. En muista kertoneeni to-
tuutta edes aikuisena.

HUUKO LÄHTEE SYKSYLLÄ

Syyskuussa Huukoa näki todella harvoin. Naapureilta kysellessäni, eivät
hekään ole Huukoa nähneet. Mietin isäni kanssa, jos Huuko oli menehtynyt.
Variksia kyllä näkyi mutta yksikään ei ollut Huuko, joka oli kyllä helposti tun-
nistettavissa jalkansa vuoksi. Olin niin tottunut Huukoon ja sen tervehdykseen
ja surin sen lähtöä. Nyt ei Huukoa ollut eikä kuulunut raakkumista. Naapurin
tunturikyyhky kävi pihallamme eikä siellä ollut enää Huukoa sitä hätistämässä
pois. Kukruu sai olla nyt ihan rauhassa terassillamme ja jotenkin sen laulu
lohdutti ikävääni, olihan se ollut Huukon lajitoveri mutta ei sentään ystävä.

Tuli lokakuu, tuli talvi. Huukosta ei saatu mitään havaintoja. Ruokinta pai-
kalla kävi vain tiaisia ja satunnainen tikka. Vähitellen ikävä Huukosta väistyi,
koulutyöt veivät aikansa ja muut harrastukset saivat tilaa nuoren tytön elä-
mässä. Isäni muisti lohduttaa Huukon saaneen parhaat mahdolliset eväät vil-
lin tulevaisuuteen ja että me teimme parhaamme. Ilman apuamme Huuko olisi
kuollut pudonneeseen pesään, märkänä vammaisena ja nälissään.

93

HUUKON PALUU

Seuraavan vuoden keväällä Huuko palasi. En ollut uskoa kuulemaani tuttua ääntä. Pihakuusemme latvassa istui Huuko ja sillä oli mukana toinen varis, hieman pienempi, joten sen täytyi olla Huukon morsian.

Saman ison kuusen oksille tämä pariskunta teki pesänsä. Morsian hautoi munat ja kesällä siellä oli koko varispesue Huuko ei lähestynyt meitä enää ikinä mutta vastasi minun kutsuuni tutulla äänellään. Vielä vuosien ajan Huuko raakkui aamutervehdyksiä pihakuusessamme kesäisin ja se sai monta poikuetta.

Pihakuusi kaadettiin vaarallisena vuosien jälkeen. Huukoa en sen jälkeen nähnyt mutta uskon yhä sen eläneen hyvän pitkän elämän.

VIERASKIRJA

"Tässä on kirja ja tässä on kynä

ei tarvitse kirjoittamaan olla hyvä.

Riittää kun rustaat nimesi tähän

toki voit kertoa päivästäkin vähän.

Piirtääkin saat, jos se on mukavaa teille

on siitä ainakin kovasti iloa meille."

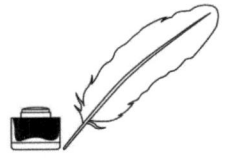